www.ingramcontent.com/pod-product-compliance
Lightning Source LLC
LaVergne TN
LVHW021225080526
838199LV00089B/5829
9789358723465

پہچان

(مجموعہ کلام)

کویتا کرن

© Kavita Kiran

Pahchaan *(Poetry)*
by: Kavita Kiran
Edition: January '2025
Publisher :
Taemeer Publications LLC (Michigan, USA / Hyderabad, India)

ISBN 978-93-5872-346-5

9 789358 723465

مصنفہ یا ناشر کی پیشگی اجازت کے بغیر اس کتاب کا کوئی بھی حصہ کسی بھی شکل میں بشمول ویب سائٹ پر اَپ لوڈنگ کے لیے استعمال نہ کیا جائے۔ نیز اس کتاب پر کسی بھی قسم کے تنازع کو نمٹانے کا اختیار صرف حیدرآباد (تلنگانہ) کی عدلیہ کو ہوگا۔

© کویتا کرن

کتاب	:	**پہچان** (مجموعہ کلام)
مصنفہ	:	**کویتا کرن**
صنف	:	شاعری
ناشر	:	تعمیر پبلی کیشنز (حیدرآباد، انڈیا)
سالِ اشاعت	:	۲۰۲۵ء
صفحات	:	۱۱۸
سرورق ڈیزائن	:	تعمیر ویب ڈیزائن

اپنے سب سے چھوٹے بھائی

گوپی کرشنا مرحوم

——— کے نام ———

جو میری چاہت اور خوشگوار

یادوں کا ایک عظیم سرمایہ ہے

ترتیب و تزئین

	صفحہ نمبر
۔ پیش لفظ ——— ڈاکٹر عابد علی خان، مدیر روزنامہ سیاست ———	۷
۔ اردو شاعری میں ایک اور خوشبو ——— صلاح الدین نیّر ———	۸
۔ میرا پہلا سفر ——— مصنف ———	۱۳

غزلیں

سلسلہ نمبر	صفحہ نمبر
۱۔ اس کا غم نہیں مجھکو اب کہاں ٹھکانہ ہے	۱۷
۲۔ ملا تھا کوئی سرِ راہ اجنبی کی طرح	۱۸
۳۔ نسیمِ صبح بہاروں کو ساتھ لائی نہ تھی	۱۹
۴۔ زخمِ دل ہونگے ہرے پھولوں کے مرجھانے...	۲۰
۵۔ زمیں پہ رہتا ہے لیکن کہاں نہیں ہوتا	۲۱
۶۔ بھولا ہوا ہر نغمہ پھر تم کو سنانا ہے	۲۲
۷۔ کون کہتا ہے بے وفا تم کو	۲۳
۔ دا کا ذکر نہیں ہے کرم کی بات نہیں	۲۴
۹۔ ابھی نہ ساتھ چلو تم کٹھن ہے راہ مری	۲۵
۱۰۔ کوان سے سکھ میں رہیں گے یہ زمانے والے	۲۶
۱۱۔ کسے عزیز نہیں ہوگی زندگی میری	۲۷
۱۲۔ خزاں کا خوف بھی ہے موسمِ بہار بھی ہے	۲۸
۱۳۔ کب میں نے یہ کہا وہی تصویر چاہیئے	۲۹
۱۴۔ دل چاہتا ہے پیار کا اب قرض ادا کریں	۳۰
۱۵۔ پہلے کی طرح اب بھی مجھے انتظار ہے	۳۱
۱۶۔ غم آشنا ہوں کہ تجھے دلربا کہوں	۳۲
۱۷۔ ہم سے کچھ لوگ تو اکثر یہ کہا کرتے ہیں	۳۳
۱۸۔ کئی بار دل نے کہا بے خودی میں	۳۴
۱۹۔ کس حال میں ہوں میں انہیں...	۳۵
۲۰۔ زندگی کی حسین محفل میں	۳۶
۲۱۔ اُن کو پھر سے میں دیکھوں...	۳۷
۲۲۔ غم آشنا نہیں ہو تم دلربا نہیں ہو	۳۸
۲۳۔ پتھر نہ ہم پہ پھینکو......	۳۹
۲۴۔ راہ میں چاند ستاروں کو سجا کر رکھا ہے	۴۰

سلسلہ نمبر		صفحہ نمبر	سلسلہ نمبر		صفحہ نمبر
۲۵۔	ہر تقاضا تمام ہو جائے	۶۱	۴۶۔	دل کو نہ اک زخم ملا ہے	۶۲
۲۶۔	روٹھے ہو کس لیے تم کس سے...	۴۲	۴۷۔	رسم وفا ہے بھی پوچھا نہیں تو کیا غم	۶۳
۲۷۔	درد دل سے کبھی سانس میں زندگی بسر کر	۴۳	۴۸۔	بسا ہوا ہے جو نس نس میں زندگی بن کر	۶۴
۲۸۔	غم زدہ ہم بھی ہیں یہ کہنا چھوڑ دو	۴۴	۴۹۔	سرِ محفل میں ہوں تو ہمیشہ وہ برا کہتے ہیں	۶۵
۲۹۔	کوئی شجرِ گلستاں تو ہمیں بتا ہوتی	۴۵	۵۰۔	مجھے بسانا ہے اُس جا پہ اک...	۶۶
۳۰۔	کہاں ملے گا ہمیں اپنا ہم سفر کوئی	۴۶	۵۱۔	تمام رشتوں کو کیوں توڑ کر چلے آئے	۶۷
۳۱۔	نظریں ہیں مطمئن نہ تو دل کو قرار ہے	۴۷	۵۲۔	انہیں ہم سے جتنا گریز تھا نہیں...	۶۸
۳۲۔	کون آتا ہے یوں پُر نے برسے	۴۸	۵۳۔	اشک آنکھوں سے پیا بھی نہ بہا پائیں	۶۹
۳۳۔	کبھی بے سبب تم رلا کر تو دیکھو	۴۹	۵۴۔	منزلیں کبھی بھی اپنی تھیں راستہ بھی اپنا تھا	۷۰
۳۴۔	تجھ سے رشتہ تو اک بہانہ تھا	۵۰	۵۵۔	دنیا تمام بن لئی ہے گھر مرے لئے	۷۱
۳۵۔	دل دیا ہے دغا نہیں کرنا	۵۱	۵۶۔	مجھے آج دل سے بھلانے لگے ہو	۷۲
۳۶۔	طولِ منزل سے در جانے سے پہلے	۵۲	۵۷۔	وہی ایک لمحہ وصال کا تمہیں یاد ہو...	۷۳
۳۷۔	ہٹ کے رستے سے جو چلا ہو گا	۵۳	۵۸۔	میں نے مانا کہ اجنبی ہو تم	۷۴
۳۸۔	نہ جانے بدلے گا کب یہ روایتوں کا چلن	۵۴	۵۹۔	اپنا گھر اپنے ہی ہاتھوں سے...	۷۵
۳۹۔	رسم یہ بھی ہے دل دکھانے کی	۵۵	۶۰۔	آتے جاتے لوگ ہمیں کیوں...	۷۶
۴۰۔	رات آنکھوں میں کٹی پھر بھی سویرا نہ ہوا	۵۶	۶۱۔	جب غزل کا پیام آتا ہے...	۷۷
۴۱۔	ہزار پہرے زبان پر ہوں	۵۷	۶۲۔	میرے ماضی سے مجھ کو طلا دیجئے	۷۸
۴۲۔	جس شخص کو ہے خود کو لٹانے کا تمنا	۵۸	۶۳۔	میکدے باقی نہ پیمانے رہے	۷۹
۴۳۔	پہلے اپنا تو مجھ کو بنا لیجئے	۵۹	۶۴۔	ڈرے ہے وہ مہرباں نہ ہو جائے	۸۰
۴۴۔	کس حال میں بولیں کبھی آ کر نہیں دیکھا	۶۰	۶۵۔	مری زندگی گلستانی رہے	۸۱
۴۵۔	تمہیں بھولنا کب ہے بس میں ہمارے	۶۱	۶۶۔	پیر نیا حادثہ نہ ہو جائے	۸۲

سلسلہ نمبر		صفحہ نمبر	سلسلہ نمبر		صفحہ نمبر
۶۷	دقت ہے آپ کا تو مٹا دیجئے	۸۳	۸۸	ترے بغیر کوئی لطف کیا مزہ کیا	۱۰۴
۶۸	ماہتمی تھی ہم نے تم سنتے یہ دشنام تو نہیں	۸۴	۸۹	چلتی رہیں یوں پیار کی باتیں	۱۰۵
۶۹	اُس طرف عداوت ہے اس طرف محبت ہے	۸۵	۹۰	جو مجھ کو جاتے جاتے بھی آواز دے گیا	۱۰۶
۷۰	سلجھی ہوئی زلفوں کو بکھر جانے کی ضد ہے	۸۶	۹۱	بیٹھے ہوئے ہیں گھر کو سجائے	۱۰۷
۷۱	دل پہ یہ کون چھایا ہوا ہے پتہ نہیں	۸۷	۹۲	اس واسطے ہی تجھ پہ مجھے اعتبار ہے	۱۰۸
۷۲	آنکھوں میں اشک تھے تو مہمانے کی التی	۸۸	۹۳	یہ مانا کہ قسمت میں رسوائیاں ہیں	۱۰۹
۷۳	پیام دوست مبالا نے کی کبھی نہ کبھی	۸۹	۹۴	کبھی آ ئینے دل کے پھرسے سجا دو	۱۱۰
۷۴	میں دکھی جب تو مجھے پاس بلا کر دیجئے	۹۰	۹۵	خوشبو خیال دوست کی دل میں اتر گئی	۱۱۱
۷۵	بے سبب دوست کی محفل سے اٹھا یاد کرو	۹۱	۹۶	ہم جانتے ہیں کس نے ہمیں یاد کیا	۱۱۲
۷۶	مجھے ڈر ہے میرا سفر ترک نہ جائے	۹۲	۹۷	وہ کہہ رہے ہیں ...	۱۱۳
۷۷	رہتا تھا جس کا شام و سحر انتظار سا	۹۳	۹۸	لوگوں میں اپنے رہ ک ...	۱۱۴
۷۸	بے نام محبت ہے کچھ نام تو دے جاؤ	۹۴	۹۹	خواب جو میں نے ابھی دیکھا نہیں	۱۱۵
۷۹	دل نے اک طرف چوٹ کھائی ہے	۹۵	۱۰۰	حیات سب کے لئے مہرباں نہیں ہوتی	۱۱۶
۸۰	جب کوئی بے وفا نہیں لگتا	۹۶			
۸۱	تیرے سائے سے پرے رہ کے جیا کیسے کریں	۹۶			
۸۲	موسم ہے بارشوں کا خوشیوں کا حسرتوں کا	۹۸			
۸۳	شبنم سے لکھوں اشکوں سے لکھوں ...	۹۹			
۸۴	صحرا کی گرم ریت سے وہ ایسے ڈر گئے	۱۰۰			
۸۵	کل آپ سے ملی تو پریشان تھی نظر	۱۰۱			
۸۶	زندگی اور رو پھر کھٹری تھی مگر	۱۰۲			
۸۷	زندہ نہیں مجھ کو مرا ہوں کہ دعا ہوں	۱۰۳			

پیش لفظ

کویتا کرن کی چھوٹی چھوٹی ۱۰۰ غزلوں کا یہ مختصر سا مجموعہ "پہچان" ہے۔ یہ نہیں پہچانا جا سکے گا کہ شاعرہ کی مادری زبان اُردو نہیں ہے۔ اردو زبان کی لطافت، شیرینی اور اس کے شعر و ادب کی دلکشی کے سبب دوسری زبان والے اس کے اس قدر گرویدہ ہوئے کہ وہ اردو کے ہی ہو رہے۔ اردو تہذیب و ادب نے بھی انہیں اس طرح اپنایا کہ اُردو مادری زبان اور غیر مادری اردو زبان والوں میں کوئی فرق نہیں رہا۔ اردو کے گھرانے میں سب کو مساوات حاصل رہی۔

سلوک میں نہ کیا ہم نے امتیاز کرنؔ ہمارے گھر میں کوئی مہماں نہیں ہوتا

سابق ریاست حیدرآباد تین زبانوں، مرہٹی، کنڑی اور تلگو کے علاقوں پر مشتمل تھی۔ تینوں زبانوں کے اہل علم نے اردو کو اپنایا اور اس میں طبع آزمائی کی۔ اپنی فکری اور شعری صلاحیتوں سے اردو شاعری کو بھی مالا مال کیا۔ راگھویندر راؤ جذب عالمپوری کی مادری زبان کنڑی تھی۔ ربائی گو شاعروں میں حضرت امجد کے بعد حضرت جذب عالمپوری کا نام لیا جاتا ہے۔ دامودر ذکی کی مادری زبان اردو نہیں تھی لیکن اردو شاعری میں انہوں نے بھی نمایاں مقام حاصل کیا۔ ورنگل کے کالوجی رامیشور راؤ شاد نے بھی اردو شاعری میں اپنا مقام بنا لیا ہے۔

کویتا کرن کی مادری زبان مرہٹی ہے۔ وہ حیدرآبادی روایات کے حامل خاندان کی ہونہار، باشعور بیٹی ہے۔ ان کے والد جناب امباجی راؤ پولیس کے اعلیٰ عہدیدار ہیں۔ انہیں بھی مرہٹی سے زیادہ اردو پر عبور حاصل ہے۔ اب حیدرآباد میں ایسی ہستیاں بہت کم رہ گئی ہیں جو حیدرآباد کی روایتی تہذیب سے اپنے ماحول کو بنانا اور سنوارنا چاہتی ہوں۔ ملی جلی تہذیب کے گھرانے کی اُبھرتی ہوئی نوعمر شاعرہ اپنے گھر کو اسی ڈھنگ سے سجانے کا ارادہ رکھتی ہے۔

رہ گئی ہے دامن میں صرف اک کرنؔ باقی اپنے ڈھنگ سے مجھ کو اپنا گھر سجانا ہے

"پہچان" اس ناقابلِ تردید حقیقی صورتحال کی مظہر ہے کہ اردو نہ صرف بلالحاظ مذہب و ملت بلکہ بلالحاظ لسانی تعلق سب کی محبوب اور مقبول زبان ہے۔ یہ کویتا کرن کی شاعری کے ابتدائی دور کا کلام ہے۔ ان کی شاعرانہ صلاحیتوں کے پیش نظر مجھے یقین ہے کہ مسلسل مشق اور شعور کی پختگی کے ساتھ کویتا کرن زندگی کے گہرے تجربات کا فنکارانہ اظہار بھی کریں گی۔

۲۶، ڈسمبر ۱۹۸۹ء

عابد علی خاں

ایڈیٹر روزنامہ "سیاست" حیدرآباد

۸

اُردو شاعری میں ایک اور خوشبو

ہمارے بزرگوں نے یہ بالکل سچ کہا ہے کہ ہمارا شہر' دانشوروں '
فنکاروں' شاعروں' ادیبوں' صوفیوں' سنتوں اور زندگی کے مختلف شعبوں سے
تعلق رکھنے والے با صلاحیت لوگوں کا شہر ہے' اور یہ سلسلہ بانیٔ شہر محبت '
محمد قلی قطب شاہ کے زمانے سے جاری و ساری ہے ۔ یہاں ہر دور میں باکمال شخصیتوں
نے اپنی صلاحیتوں کا لوہا منوایا ہے۔ اگر آج ہم پورے ملک کے سیاسی' اقتصادی
ادبی' شعری و تہذیبی محرکات و حالات کا جائزہ لیں تو بلا شبہ یہ کہنے کے موقف
میں رہیں گے کہ ہمارا شہر بہر عنوان ملک کی دوسری ریاستوں کے مقابلے میں کہیں
زیادہ بہتر ہے۔ ہمارے شہر کی گنگا جمنی تہذیب' آپسی میل ملاپ' بھائی چارگی'
انسان دوستی اور بلا تخصیص مذہب وملت ایک دوسرے کے دکھ درد میں شامل ہونے
کا وصف روشنی کے تسلسل کی طرح ہمارے گھرانوں میں نمایاں حیثیت سے موجود
ہے ۔انسانی فطری تقاضوں کو نظر انداز کرتے ہوئے اگر ہم اپنی زندگی کا سفر جاری
رکھیں تو ہمیں کسی خاص پریشانی یا الجھن کا شکار ہونا نہیں پڑے گا۔ ہمارے شہر
کی یہ کبھی ایک روایت رہی ہے کہ یہاں رہنے بسنے والوں میں تہذیبی رشتے ہمیشہ
مستحکم رہے ہیں۔ یہی وجہ ہے کہ زندگی کے مختلف شعبوں سے تعلق رکھنے والے
ہمارے شہر کے لوگ مل جل کر اپنے اپنے طریقوں سے اپنی سرگرمیوں میں معروف ہیں۔
شہر حیدرآباد میں کئی ایسے علمی ادارے ہیں جہاں ہندو' مسلمان' سکھ' عیسائی
اور دیگر مذاہب کے لوگ بغیر کسی ذہنی تحفظات کے آپس میں مل کر کام کرتے ہیں۔

9

ہمارے بزرگوں نے یہاں ایسی تہذیبی داغ بیل ڈالی ہے کہ ہم مل جل کر کام کرنے میں خوشی و مسرت محسوس کرتے ہیں۔ ہمارے شہر میں زبان کے نام پر کبھی بھی کسی قسم کی الجھن پیدا نہیں ہوئی ۔ ہمارے ہاں ہر زبان کے چاہنے والے اپنی اپنی روایتوں کے ساتھ اپنے اپنے دائرہ عمل میں کام انجام دے رہے ہیں۔ ایک زبان کے چاہنے والوں کا دوسری زبان کے چاہنے والوں سے کبھی ٹکراؤ نہیں ہوتا بلکہ اکثر جگہ مختلف زبانوں کے باہمی تعاون سے زبان کی خدمت کرتے ہیں اور اس طرح اپنے عمل سے تہذیبی ورثے کی پاسداری بھی کرتے ہیں۔ مختلف ادبی سرگرمیوں سے قطع نظر ہمارے شہر میں مختلف زبانوں کے مشاعرے ایک پلیٹ فارم پر ہوتے ہیں، خاص طور پر اردو، ہندی کے ملے جلے مشاعروں کی روایت گذشتہ کئی برسوں سے جاری ہے۔ چاہے وہ اردو کے مشاعرے ہوں کہ کوی سمیلن، اردو، ہندی کے شاعر ایک دوسرے کی محفلوں میں اپنی شرکت سے شہر کی بہترین روایات کی تصدیق کرتے ہیں۔ ایسی ہی تہذیبی روایات کی ایک روشن علامت کویتا کرن بھی ہے، جس نے ایک تازہ ہوا کی طرح اپنے ذہن و فکر کی خوشبوؤں کے ساتھ شعری ادب میں اپنا پہلا قدم رکھا ہے۔ دراصل کویتا کرن اپنے ماحول کی پروردہ اور تہذیبی اقدار کی دین ہے۔ کویتا کرن، بادِ نسیم کی طرح گلستانِ شعر و ادب میں داخل ہوئی ہے اور آج وہ گلابِ تازہ کی طرح اپنی بہترین تخلیقات سے دامانِ شعر و ادب کو مہکا رہی ہے۔ کویتا کرن کی ذہنی تربیت میں ان کے گھر کے ماحول نے ہمیشہ تعاون کیا۔ یہی وجہ ہے کہ تخلیقی ادب کا ارتقا پسند غنچہ آج پھول بن گیا ہے۔

کویتا کرن سے میری پہلی ملاقات ممتاز گلوکار وٹھل راؤ کے میوزیکل سکشن "سنگیت سادھنا" میں ہوئی۔ ایک شام جبکہ میں اخبار سیاست کے دفتر میں اپنے ادبی کام میں مصروف تھا تو میرے دوست وٹھل راؤ مجھ سے ملنے آئے اور مجھ سے خواہش کی کہ کچھ دیر کے لئے میں اُن کے ہمراہ سنگت سادھنا اسکول چلوں جہاں مجھے

اپنے ایک بہترین دوست کی ہونہار صاحبزادی سے نہ صرف تعارف کرانا ہے بلکہ آپ سے شعر وادب کے بارے میں رہبری اور تعاون بھی درکار ہے۔ جب میں وٹھل راؤ صاحب کے ساتھ "سنگیت سادھنا" پہونچا تو مجھے وہاں موجود تمام لڑکیوں میں ایک مشرقی انداز کی لڑکی بالکل الگ دکھائی دی۔ مجھے دیکھ کر اُس نے اندازہ لگایا کہ میں کون ہوں۔ پھر اُس نے وٹھل راؤ صاحب کے تعارف کرانے سے پہلے ہی مجھے حیدرآبادی انداز میں سلام کیا۔ تعارف کے بعد میں نے کویتا کرن سے اُن کی کچھ غزلیں سنیں، میں نے محسوس کیا کہ اگر مناسب انداز میں اس نئی شاعرہ کی شعری تربیت کی جائے تو ایک دن یہ ہونہار شاعرہ اُردو شعر و ادب میں اپنا مقام بنا سکتی ہے۔

یہاں میں اس بات کا انکشاف کرنا چاہتا ہوں کہ کویتا کرن اُس وقت اُردو رسم الخط سے کچھ زیادہ واقف نہیں تھی، اس لئے وہ دیوناگری رسم الخط میں اُردو غزلیں لکھتی تھی۔ میں نے کویتا سے جب یہ سوال کیا کہ تم اُردو زبان سے اچھی طرح واقف ہو تو پھر اُردو رسم الخط میں غزلیں کیوں نہیں لکھتیں تو کویتا نے جواب دیا، مجھے اُردو رسم الخط میں لکھنے میں تکلف محسوس ہوتا ہے۔ لیکن آج کویتا کرن اپنی محنت اور سچی لگن سے اُردو رسم الخط میں لکھی ہوئی کتابیں روانی کے ساتھ پڑھ سکتی ہیں۔ کویتا نے یہ بھی کہا کہ ریڈیو اور ٹی۔وی کے غزلیں سننے کے علاوہ کیسٹ اور ویڈیو کے ذریعہ بھی مجھے اُردو غزلوں سے دلچسپی ہونے لگی اور میں نے اپنے منتشر خیالات کو شاعری کا لباس پہنانا شروع کیا۔

مجھے یہ کہتے ہوئے فخر محسوس ہوتا ہے کہ کویتا کرن ایک نیچرل اور خود گو شاعرہ ہے۔ مجھے اس بات کا علم ہے کہ کویتا کرن نے بہت سی غزلیں کہی ہیں لیکن اس شعری مجموعہ "پہچان" میں جتنی بھی غزلیں شامل ہیں وہ انتخاب کی شکل میں ہیں۔ کویتا کو شاعری سے فطری لگاؤ ہے۔ شعر کہنے سے اس کو سکونِ قلب حاصل ہوتا ہے

جہاں تک میرے شعری سفر کا تعلق ہے میں خود بھی ادب کا ایک معمولی سا طالب علم ہوں اور آج بھی اپنے بزرگوں سے بہت کچھ سیکھتا رہتا ہوں، کیونکہ کوئی بھی علم اُسکی آخری حد نہیں ہوتا۔ انسان تمام زندگی سیکھتا رہتا ہے۔ زندگی کے نئے نئے تقاضے کچھ ایسی محرکات سے وابستہ ہیں کہ اُن کا سفر رُکنے نہیں پاتا۔ چونکہ شعر وادب کی فضاؤں میں میری زندگی کا بیشتر حصہ گذرتا رہتا ہے، اس لئے مجھے مختلف مواقع پر نئے نئے شاعروں کا کلام دیکھنے کا اتفاق ہوتا رہتا ہے۔ یہاں میں یہ بات واضح کرنا چاہتا ہوں کہ میں نے آج تک کسی کو اپنا شاگرد نہیں بنایا، البتہ میں نے ضرورتاً کچھ نئے شاعروں کو مشورۂ سخن ضرور دیا ہے۔ کویتا کرن نے بھی مجھ سے مشورۂ سخن کیا ہے، لیکن وہ میری روایتی شاگرد نہیں ہے بلکہ میری بہن ہے۔ میں نے ہمیشہ ایک بہن کے رشتے کو محسوس کرتے ہوئے کویتا کے شعری سفر میں ساتھ دیا ہے۔

کویتا کرن کی بڑی خواہش تھی کہ اس کا مجموعۂ کلام شائع ہو۔ آج اس کی خواہشوں اور اُمنگوں کی تکمیل ہوگئی ہے، جس سے مجھے بھی بے حد خوشی ہوئی ہے۔

حیدرآباد کے ادبی حلقے واقف ہیں کہ کرن ایک کم آمیز شاعرہ ہے۔ وہ بہت کم مشاعروں میں شرکت کیا کرتی ہے۔ البتہ اس کو بے حد شوق تھا کہ اس کا کلام مختلف ادبی رسالوں اور اخبارات میں شائع ہوتا رہے۔ کویتا کرن اس لئے بھی خوش نصیب ہے کہ اُس کے والدین نہ صرف والہانہ انداز سے چاہتے ہیں بلکہ اسکی شعری صلاحیتوں کو پروان چڑھتے دیکھ کر ہر ممکن تعاون کیا کرتے ہیں۔ کویتا کرن کے شوہر بھی ایک ادب دوست انسان ہیں۔

اس قسم کا خوشگوار ماحول کویتا کرن کی صلاحیتوں کو اُبھارنے میں ہمیشہ معاون رہا۔ مجھے یاد ہے کہ جب کویتا کرن نے صفدریہ ہائی اسکول کی سلور جوبلی تقاریب کے موقع پر مشاعرہ میں کلام سنایا تھا، تو اس کی بے حد پذیرائی ہوئی تھی۔ اس مشاعرہ کے بعد کویتا نے جتنے بھی مشاعرے

پڑھے۔ اُس کے تازہ لب و لہجہ اور دلوں کو چھونے والی شاعری سے اہلِ محفل بہت محظوظ ہوئے۔

کویتا کرن کی طرح میں بھی آج بے حد خوش ہوں کہ میرا خلوص، میری محنت اور میرا تعاون بے کار نہیں گیا۔ مجھے توقع ہے کہ کویتا کرن کا یہ شعری سفر، ارتقائی منازل طے کرتا رہے گا۔

۲۰ دسمبر ۱۹۸۹ء　　　　صلاح الدین نیّر

پہچان (مجموعہ کلام) کویتا کرن

میرا پہلا سفر

میں اپنے پہلے مجموعۂ کلام "پہچان" کی اشاعت پر انتہائی خوش ہوں۔ آج میری کئی برسوں کی تمنا پوری ہوئی۔ یہ میری خوش نصیبی ہے کہ میں ایک ایسے گھرانے میں پیدا ہوئی' جس کا ہر فرد اُجالوں کا سفر طے کرتے ہوئے مطمئن انداز میں زندگی گذار رہا ہے۔ میری پرورش ابتداء ہی سے خوشگوار ماحول میں ہوئی۔ ہمارا گھرانہ عمدہ روایتوں کا احترام کرتا ہے اور انسان دوستی' محبت شناسی اور روشن خیالی کو بہترین زندگی کے لئے ضروری سمجھتا ہے۔ میرا جنم پیار' محبت' رواداری' انسانی' تہذیبی اور گنگا جمنی روایتوں کے شہر حیدرآباد میں ۲۱/ اگست ۱۹۶۳ء کو ہوا۔ جب میں نے ہوش سنبھالا تو مجھے بتایا گیا کہ تمام انسان برابر ہیں' انسان کبھی چھوٹا بڑا نہیں ہوتا۔ ہر مذہب کا احترام لازمی ہے۔ معاشرے میں تمام انسانوں کی یکساں اہمیت ہے۔ بڑوں کی عزت اور چھوٹوں سے محبت کرنے سے زندگی میں خوشیوں کا اضافہ ہوتا ہے۔ آپسی بھائی چارگی بہترین انسانی روایات اور تہذیبی قدروں کا تحفظ ذہنی سکون عطا کرتا ہے۔ میرے گھر کا ماحول پاک وصاف' نکھرا ستھرا ہونے کے علاوہ علم' وادب اور تہذیب کا قدرداں ہے۔ میرے والد دھرم کار امباجی راؤ ایڈیشنل ڈی۔ ایس۔ پی (سی آئی ڈی) اُردو شعروادب اور موسیقی سے کافی دلچسپی رکھتے ہیں اور انہیں اُردو کتابیں پڑھنے کا بہت شوق ہے۔ ان ہی کی ذہنی تربیت اور گھر کے ماحول کی وجہ سے مجھ میں بھی شعروشاعری اور سنگیت کا ذوق وشوق پیدا ہوا۔ بچپن ہی سے مجھے اپنے

گھر میں آرٹ کا ماحول ملا۔ میری والدہ محترمہ گیتا دیوی کو بھی آرٹ سے بے حد دلچسپی ہے۔ میری ابتدائی تعلیم ہولی میری گرلز ہائی اسکول' خیریت آباد میں ہوئی' میٹرک کے بعد میں نے اوپن یونیورسٹی سے گریجویشن کیا۔ جب میں اسکول کی طالبہ تھی تب ہی سے مجھے شعر وادب کا شوق تھا۔ اسکول کی طالب علمی کے زمانے میں انگریزی میں شاعری کرتی تھی اور کبھی کبھی ہندی میں بھی شعر کہتی تھی۔ خوش قسمتی سے میری شادی ایک ایسے گھرانے میں ہوئی جہاں علمی وادبی ماحول ہے۔ میرے شوہر جی۔ مہیشور راؤ جو الکٹرانک کارپوریشن آف انڈیا میں ٹکنیکل منیجر ہیں' آرٹسٹیک مزاج کے حامل ہیں اور اُردو لکھنا پڑھنا بھی جانتے ہیں اور میری حوصلہ افزائی میں جن کا بہت بڑا ہاتھ ہے۔ میرے خُسر محترم گولیکر پریم چند خالص حیدرآبادی مزاج کے حامل ایک۔ نامور وکیل ہیں۔ اُنہیں بھی اُردو زبان وادب سے دلچسپی ہے اُردو کتابوں کے علاوہ اخبار سیاست بڑی پابندی سے پڑھتے ہیں۔

اِن دنوں اُردو شاعری کی بہت دھوم ہے۔ ہر گلوکار کی یہ خواہش ہوتی ہے کہ وہ اُردو غزلیں سُناکر داد و تحسین حاصل کرے' ویسے بھی غزل گانا اور سننا ایک فیشن سا ہوگیا ہے۔ غزل گائیگی کی وجہ سے بعض گلوکاروں کی شہرت کافی بلندیوں پر پہنچ گئی ہے۔اُردو شاعری کا شوق مجھے غزلوں کے کیسٹ سُن سُن کر ہوا۔

غلام علی' انوپ جلوٹا' مہدی حسن' طلعت عزیز' جیب ولی محمد اور پنکج اُدھاس میرے پسندیدہ گلوکار ہیں۔ میں اپنے فرصت کے لمحوں میں ان ممتاز گلوکاروں کے کیسٹ سنتی رہتی ہوں۔ ایک بار میں نے آل انڈیا ریڈیو سے کسی انگریزی پروگرام میں اُردو شاعری اور اُردو غزل سے متعلق مباحثہ سنا۔اس کے بعد مجھے اُردو غزل کے بارے میں بہت جانکاری ہوئی۔ غزلیں سنتے سنتے مجھے قافیہ' ردیف کی بھی پہچان ہوگئی۔

اسی دوران میری ملاقات مشہور و معروف ناول نگار محترمہ جیلانی بانو سے ہوئی۔ اتفاق سے وہ میری ہم محلہ ہیں اور ان سے ہمارے خاندانی مراسم بھی ہیں۔ محترمہ

۱۵

جیلانی بانو سے ملنے کے بعد مجھے محسوس ہوا کہ عورتیں بھی گھر میں بیٹھ کر اپنے ذوق کی تسکین کے لئے بہت کچھ لکھ سکتی ہیں ۔ مقبول گلو کار مسٹر وٹھل راؤ، میرے والد کے نہ صرف ایک مخلص دوست ہیں بلکہ فن موسیقی میں اُن کے استاد بھی ہیں ۔ میں اپنے والد کے ہمراہ ، کبھی کبھی اپنے بھائی شیام کمار کو ساتھ لے کر وٹھل راؤ صاحب کے ہاں جایا کرتی تھی۔ مجھے اور میرے بھائی کو بھی سنگیت کا شوق ہے۔ ایک دن میں نے اُردو کے اپنے کچھ اشعار وٹھل راؤ کو سنائے ، انہوں نے میرے بے ترتیب خیالات کو سن کر مشورہ دیا کہ میں اپنا کلام ممتاز شاعر جناب صلاح الدین نیرؔ کو دکھلاؤں اور کہا کہ نیرؔ صاحب میرے اچھے دوست ہیں وہ ضرور تم سے تعاون کریں گے ۔ انہوں نے یہ بھی کہا کہ دنیا کا کوئی فن بھی ہو اُس سے واقفیت کے لئے کسی استاد کی ضرورت ہوتی ہے۔ چنانچہ وٹھل راؤ صاحب نے نیرؔ صاحب سے "سنگیت سادھنا" میں میری ملاقات کروائی ۔ نیرؔ صاحب سے مل کر، اُن سے گفتگو کرنے کے بعد مجھے اندازہ ہوا کہ وہ نہ صرف ایک بہترین شاعر ہیں بلکہ ایک نفیس ، اعلیٰ کردار کے انسان بھی ہیں۔ اُردو شاعری میں میری جو کچھ بھی شناخت ہے وہ سب کچھ نیرؔ صاحب کی بے لوث خدمات اور حوصلہ افزائی کا نتیجہ ہے ۔ نیرؔ صاحب نے کبھی بھی ایک اُستاد کی طرح مجھ سے برتاؤ نہیں کیا بلکہ انہوں نے مجھے ہمیشہ اپنی چھوٹی بہن مانتے ہوئے ایک بڑے بھائی کا کردار ادا کیا، جن کا شکریہ ادا کرنے کے لئے میرے ہاں الفاظ نہیں ہیں۔ میرے گھر میں نیرؔ بھائی کی بہت عزت ہے، میرے والد، میری والدہ ، میرے بھائی، بہنیں اور میرے شوہر، نیرؔ بھائی کی شرافتِ نفس اور ان کے مزاج کی شائستگی سے بے حد متاثر ہیں۔ سچ تو یہ ہے کہ نیرؔ بھائی سے ملا کر وٹھل راؤ صاحب نے میرے والد سے اپنی دوستی کا حق ادا کیا ہے ۔ نیرؔ بھائی کی شخصی دلچسپی کی وجہ سے میں نے اپنی غزلیں خاص خاص مشاعروں میں پڑھنے کے علاوہ دور درشن ، آل انڈیا ریڈیو سے بھی سنائی ہیں۔

میری پہلی غزل ملک کے مقبول ترین روزنامہ "سیاست" میں شائع ہوئی پھر "سالار" بنگلور کے ادبی ایڈیشن میں میری متعدد غزلیں شائع ہوئیں ۔ میں نے پہلی دفعہ صفدریہ گرلز ہائی اسکول کی گولڈن جوبلی تقاریب کے سلسلے میں منعقدہ مشاعرہ میں اپنا کلام سنایا ' جس میں مجھے بے حد سراہا گیا ' اس مشاعرہ کے بعد مجھے اپنی صلاحیتوں کے اظہار کا حوصلہ ملا ۔ مجموعۂ کلام شائع کرنے کی مجھے بہت خواہش تھی ۔ کتاب کی اشاعت کی ذمہ داری بھی نیتر بھائی نے اپنے سر لی ۔ نیتر بھائی کا بھی اصرار تھا کہ میری غزلیں کتاب کی شکل اختیار کریں ۔ جب کتاب کی اشاعت کا مسئلہ درپیش آیا تو میرے والد نے مجھ سے مکمل تعاون کا یقین دلایا ' اسی طرح میرے شوہر نے بھی میری حوصلہ افزائی کی ۔ میری شاعری کی حوصلہ افزائی کرنے اور مجھ سے خوش ہونے والوں میں میری والدہ ' میرے بھائی شیام کمار ' راجندر کمار اور گوپی کرشنا کے علاوہ میری بہنیں میناکشی (جو ایک اچھی افسانہ نگار ہے) اور سنتوشی بھی شامل ہیں ۔ وقت ' وقت پر زبان کا مسئلہ بھی کھڑا ہوگیا ۔ کچھ لوگ مجھ سے پوچھتے رہے کہ میں اردو زبان میں شاعری کیوں کرتی ہوں ۔ میرے پاس اسکا ایک ہی جواب تھا کہ مجھے اردو زبان اور اردو شاعری سے پیار ہے ۔ شاعر کسی ایک مقام کسی ایک شہر ' کسی ایک قوم ' کسی ایک قبیلہ یا کسی ایک مذہب کی ملکیت نہیں ہوتا ۔ شاعری تو دل کی زبان ہوتی ہے اور شاعر ساری کائنات کا ہوتا ہے ۔ میرے خاندان میں زندگی کے مختلف شعبوں میں بعض اہم صلاحیتوں کے لوگ ہیں لیکن کوئی شاعر نہیں ہے ۔ میں اپنے خاندان کی پہلی شاعرہ ہوں ۔

میرا مجموعۂ کلام اب قارئین کے ہاتھوں میں ہے ۔ جو کچھ میرے دلی احساسات و جذبات ہیں ' میں نے انہیں شاعری کا روپ دیا ہے ' میری شاعری اگر کچھ دلوں کو بھی متاثر کرسکی تو میں سمجھوں گی کہ مجھے اردو شاعری سے چاہت کا صلہ مل گیا ۔

۱۵ / دسمبر ۱۹۸۹ء

کویتا کرن

اسکا غم نہیں مجھکو اَب کہاں ٹھکانا ہے
زندگی کا مقصد تو صرف اُن کو پانا ہے

ہم تو یہ نہیں کہتے کون منتظر ہوگا
اک نہ ایک دن تم کو شہر لوٹ آنا ہے

آرزو یہ دل کی ہے اور پاس آؤں میں
اُن کے پاؤں چھونا تو صرف اک بہانہ ہے

اِتنے اچھے موسم میں روٹھ کر تو مت جاؤ
فصلِ گُل کے آنے کا بس یہی زمانہ ہے

زندگی اکیلی ہے آؤ مل کے کچھ سوچیں
اِن اُداس آنکھوں میں خواب پھر سجانا ہے

رہ گئی ہے دامن میں صرف اک کرن باقی
اپنے ڈھنگ سے مجھ کو اپنا گھر سجانا ہے

۱۸

ملا تھا کوئی سرِ راہ اجنبی کی طرح
عزیز لگتا ہے جو مجھ کو زندگی کی طرح

وہ ایک شخص اندھیروں میں جس نے چھوڑ دیا
وہ اب بھی رہتا ہے آنکھوں میں روشنی کی طرح

یہ آرزو مری برسوں کی ہے کہ آپ ملیں
فرشتہ بن کے نہیں، بن کے آدمی کی طرح

سمیٹ رکھا تھا جس کہکشاں کو دامن میں
وہ گھر میں اُتری ہے اک تازہ روشنی کی طرح

ہم اس لیئے ہی تو پلکیں بچھائے رہتے ہیں
بہت عزیز ہو تم، ہم کو شاعری کی طرح

وہ ایک سپنا مری آنکھوں میں ہے کرن اب بھی
جو خواب بن کے رہا دل میں روشنی کی طرح

۱۹

نسیمِ صبحِ بہاراں کو ساتھ لائی نہ تھی
یہ بات تب کی ہے گھر میں بہار آئی نہ تھی

خفا ہی میں، منا کر تو دیکھ لیتے مجھے
مری جُدائی بھی اک عمر کی جدائی نہ تھی

ہمارے دل میں تقدس ہے پاک رشتوں کا
ہم آپ ملتے رہیں یہ کوئی بُرائی نہ تھی

مجھے تو رسوا خود اپنے ہی گھر میں ہونا تھا
مرے نصیب میں اُب کوئی جگ ہنسائی نہ تھی

اِسی لئے ہی تو گھر سے قدم نہیں نکلے
سلوکِ دوست میں تھوڑی بھی بے وفائی نہ تھی

کرن! ٹپکتے ہیں اُن کی بھی آنکھ سے آنسو
وہ جن کو میں نے کبھی شاعری سنائی نہ تھی

۲۰

زخم دل ہوں گے ہرے، پھولوں کے مرجھانے کے بعد
سلسلہ جاری رہے گا میرے افسانے کے بعد

خون دل سے لکھ رہی ہوں زندگانی کی کتاب
چین سے وہ بھی نہ ہوں گے مجھکو الجھانے کے بعد

میری یادیں، ساتھ ہوں گی اُن کے، دوران سفر
وہ بہت روئیں گے مجھ کو چھوڑ کر جانے کے بعد

پیار کا یہ سلسلہ تو ختم ہوتا ہی نہیں
کتنے افسانے بنیں گے میرے افسانے کے بعد

کاغذی رشتے بھی ملتے کرتے ہیں خوشبو کا سفر
پھر بھی ہم تنہا رہے تم سے بچھڑ جانے کے بعد

میری اِن بربادیوں کا کب تمہیں احساس ہے
کس طرح مجھ کو سمیٹو گے بکھر جانے کے بعد

رُت جگوں کا یہ تسلسل ختم کب ہوگا کرن
وہ تو آئیں گے مگر دنیا بدل جانے کے بعد

۲۱

زمیں پہ رہتا ہے لیکن کہاں نہیں ہوتا
وہاں بھی ہے وہ جہاں آسماں نہیں ہوتا

دُکھی دلوں کی کہانی تو سب ہی سُنتے ہیں
تمہاری طرح کوئی مہرباں نہیں ہوتا

میں ایک تنہا مسافر ہوں اور رہبر بھی
مرے سفر میں کوئی کارواں نہیں ہوتا

زباں سے کچھ نہ کہا اور چوٹ سہتے ہے
ہماری طرح کوئی بے زباں نہیں ہوتا

نظر اُٹھاؤ تو اک نیلگوں سی چادر ہے
اُنہیں یہ ضد ہے کہ وہ آسماں نہیں ہوتا

سلوک میں نہ کیا ہم نے امتیاز کرن
ہمارے گھر میں کوئی مہماں نہیں ہوتا

۲۲

بھولا ہوا ہر نغمہ پھر تم کو سنانا ہے
پہلے سے زیادہ اب گردش میں زمانہ ہے

تسکینِ تمنا تو جینے ہی نہیں دیتی
رسوائی میں بھی میری شہرت کا بہانا ہے

آنکھوں کے سمندر میں یادوں کے جو موتی ہیں
گزرے ہوئے موسم کے دامن پہ لٹانا ہے

بہتے ہوئے لمحوں کے ہمراہ چلے آؤ
اُجڑی ہوئی دنیا کو اَب پھر سے بسانا ہے

انجامِ محبت پر مایوس نہیں ہوں میں
جو ہو نہ سکے اپنے اُن سب کو بھلانا ہے

تم لاکھ کرن چاہو خالی ہی نہیں ہوتا
کس طرح سے لُوٹو گے یہ دل کا خزانہ ہے

۲۳

کون کہتا ہے بے وفا تم کو
ہم نے مانا ہے دیوتا تم کو

اپنے بچپن کی دھوپ چھاؤں میں
ہم نے پا کر بھی کھو دیا تم کو

چھین کر تم سے یہ تمہارا جہاں
کس نے دی ہے یہاں دغا تم کو

عمر بھر دل میں ہم رکھیں گے تمہیں
ہم نے مانا ہے اک دعا تم کو

میں بھی تنہا ہوں تم بھی ہو تنہا
بعد میرے یہ کیا ہوا تم کو

اب وہ کہتے ہیں ایک عرصے بعد
کیوں کرنؔ ! ایسا کیا ہوا تم کو

۲۴

وفا کا ذکر نہیں ہے کرم کی بات نہیں
ترے سلوک میں پھر بھی ستم کی بات نہیں
تجھے میں چاہوں یہ میرا نصیب ہے لیکن
اگر تو مجھ کو نہ چاہے تو غم کی بات نہیں
حسین شام جو گذری وہ یادگار بنی
یہ بات ویسے بھی سچ ہے بھرم کی بات نہیں
ہر ایک بات کا میری، خدا رہے گا گواہ
ہر اک جنم کی ہے یہہ اک جنم کی بات نہیں

غزل وہ کیسی وہ نغمہ ہی کیا رہے گا کرنؔ
ترے کلام میں جب تک صنم کی بات نہیں

۲۵

ابھی نہ ساتھ چلو تم کٹھن ہے راہ مری
نہ اِتنا یاد کرو تم، بُری ہے چاہ مری

نظر ملانے کا اب تم میں حوصلہ ہی نہیں
تم ہی پہ ٹھہری ہوئی تھی کبھی نگاہ مری

کہیں بھی ڈھونڈ لو پھولوں بھرا کوئی رستہ
یہاں نہ آؤ کہ کانٹوں بھری ہے راہ مری

بدل کے رکھ دی مری زیست جن رقیبوں نے
لگے گی اُن کو بھی اک دن ضرور آہ مری

نصیب لے کے چلا تھا قریب سے تیرے
تری گلی سے گذرتی تھی ایک راہ مری

کرن بچایا تھا، جو شخص ڈوبنے سے مجھے
تلاش کرتی ہے اُس شخص کو نگاہ مری

۲۶

کون سے سُکھ میں رہیں گے یہ زمانے والے
خود بھی روئیں گے یہاں ہم کو رُلانے والے

ہم کہاں رکھتے ہیں اب اُن سے وفا کی امید
چین سے رہتے ہیں کب ہم کو مٹانے والے

رنج ہو جائے گا کم دیکھئے رفتہ رفتہ
آس یہ دے گئے ہیں دل کو دُکھانے والے

دلِ مغموم کا اے دوست! عجب عالم ہے
یاد آنے لگے ہیں ہم کو بھلانے والے

اِس لئے کی ہے وفا اور جفا سے توبہ
پھر کبھی ہم کو اٹھائیں گے گرانے والے

ہر کلی دل کی کرن بن کے بکھر جائے گی
اک نظر دیکھ اِدھر پھول کھلانے والے

۲۷

کسے عزیز نہیں ہو گی زندگی میری
کسی پہ بار ہی کب تھی یہاں خوشی میری

بغیر اُس سے ملے اُس کے گھر سے لوٹی ہوں
کہاں گئی تھی مجھے لے کے سادگی میری

کبھی جو بھولنا چاہو گے دشمنی کے دن
ہمیشہ یاد دلائے گی دوستی میری

تمہیں وہ چین سے سونے کبھی نہیں دے گی
ستائے گی تمہیں ہر بات پہ کمی میری

مہکتا جھومتا اک تازہ پھول ہوں میں بھی
بکھر گئی ہے ہواؤں میں تازگی میری

اُسی مقام پہ تم بھی کرنؔ چلے آؤ
جہاں پہ تم نے بدل دی ہے زندگی میری

۲۸

خزاں کا خوف بھی ہے موسمِ بہار بھی ہے
کبھی تمہارا کبھی اپنا انتظار بھی ہے

سمٹتی جاتی ہوں بڑھتی ہیں دوریاں جب بھی
عجیب شخص ہے نفرت بھی اُس سے پیار بھی ہے

ہوا ہے زخمی مرا اعتماد جس دن سے
اُداس ہی نہیں دل میرا بے قرار بھی ہے

الگ ہے سب سے طبیعت ہی اُسکی ایسی ہے
وہ بے وفا ہے مگر اُس پہ اعتبار بھی ہے

بہاریں جاتی ہیں جانے دو، تم تو رُک جاؤ
بہت دنوں سے طبیعت میں انتشار بھی ہے

کھڑی ہوں آج بھی میں سنگِ میل کی صورت
کرنؔ کسی کا زمانہ سے انتظار بھی ہے

۲۹

کب میں نے یہ کہا وہی تصویر چاہیئے
مُجھکو تو میرے خواب کی تعبیر چاہیئے
مفہوم چاہے کچھ بھی ہو اِسکی نہیں ہے فکر
سادہ ورق ہے دل، تری تحریر چاہیئے
پوری طرح وہ میرے ابھی تک نہ ہو سکے
یارب! مری وفاؤں میں تاثیر چاہیئے
اَب مجھ میں انتظار کی طاقت نہیں رہی
دیدار کے لئے تری تصویر چاہیئے
پھر اِس کے بعد کچھ بھی نہ دینا مجھے خدا
گذرے اِدھر سے روز، وہ تقدیر چاہیئے
عادت سی پڑ گئی ہے کرنؔ تم خفا نہ ہو
آنکھوں کو میری بس وہی تصویر چاہیئے

۳۰

ل چاہتا ہے پیار کا اَب قرض ادا کرے
وہ شخص کم سخن ہے تو پھر کوئی کیا کرے

گذری ہوئی حیات تو لَوٹ آئے گی نہیں
وہ آج مہربان اگر ہے، ہُوا کرے

اَب مجھ کو تیرے نام سے ہی جانتے ہیں لوگ
اِس سے زیادہ اور کوئی کیا وفا کرے

اپنی شناخت اپنی ہی پہچان کے لئے
وہ خود سے مل نہ پائے تو اَب کوئی کیا کرے

دلبر مرا کسی سے کسی طرح کم نہیں
اُس کا وقار اور بڑھے اب خدا کرے

برسوں کے بعد گھر مرے آئے ہیں وہ کرنؔ
دِل چاہتا ہے سجدۂ شکر اَب ادا کرے

۳۱

پہلے کی طرح اب بھی مجھے انتظار ہے
جب سے گئے ہو تم، مرا دل بے قرار ہے

تازہ ہوائیں آ کے سمیٹیں گی ایک دن
صحرا میں خشک پتّوں کو بھی انتظار ہے

کیا بات ہے کہ ہنستے ہوئے گھر ہوئے خموش
شہرِ وفا میں آج بڑا انتشار ہے

اک دن وہ کارواں کی طرح لوٹ جائے گا
انسان کا وجود تو مُشتِ غبار ہے

آؤ کہ اپنی آنکھوں میں تم کو بساؤں میں
نظروں کے سامنے ابھی فصلِ بہار ہے

سجنے لگی ہیں محفلیں خوابوں کے درمیاں
دل کو ہمارے کتنا سکون و قرار ہے

کب سے بُلا رہی ہے کرن آ بھی جائیے
مت بھولئے کہ اَب بھی اُسے انتظار ہے

۳۲

غم آشنا کہوں کہ تجھے دلربا کہوں
جو دل میں بس گیا ہے بتا اُس کو کیا کہوں

ہم ڈوبنے ہی والے تھے تم نے بچا لیا
کیا جرم ہے تمہیں میں اگر ناخدا کہوں

اَب کے بھی نا تمام رہی گفتگو مری
سوچا تھا دل میں جو ہے وہ سب برملا کہوں

شاید رہی ہو میری محبت میں کچھ کمی
ممکن نہیں کہ آپ کو میں بے وفا کہوں

تیری طرح سے تیری تمنا عزیز ہے
اس ایک ربطِ خاص کو کہہ دے میں کیا کہوں

ہوں ابتدا سے پیار کی تائید میں کرنؔ
سب لوگ اچھے جیسے ہیں کس کو بُرا کہوں

ہم سے کچھ لوگ تو اکثر یہ کہا کرتے ہیں
آپ کیوں اس طرح خاموش رہا کرتے ہیں

اُن سے پوچھو کہ زمانے کا چلن کیسا ہے
دھار تلوار کی بن کر جو جیا کرتے ہیں

بات دل کی مری آنکھوں سے بیاں ہوتی ہے
اس لئے لب مرے خاموش رہا کرتے ہیں

ہم پہ کیوں لوگ یہ الزام دیا کرتے ہیں
ہنس کے ملتے ہیں تو کیا ایسا بُرا کرتے ہیں

عمر بھر چلتے ہیں جو راہِ وفا پر تنہا
اے خدا ایسے ہی کیوں لوگ مٹا کرتے ہیں

اے کرنؔ پوچھتی کب تھی ہمیں دنیا کل تک
چاند تارے بھی تو اب ہم سے ملا کرتے ہیں

۳۴

کئی بار دل نے کہا بے خودی میں
اِسی طرح لُٹتے رہو تم خوشی میں

لئے جا رہے ہیں مرا نام ہر پل
وہ بھولے نہیں ہیں مجھے بے خودی میں

مرے دوست! یہہ زندگانی ہے تجھ سے
تو اک بار آجا مری زندگی میں

عزیزوں سے بڑھ کر سمجھتا ہے مجھ کو
نہ جانے ہے کیا بات اُس اجنبی میں

مرے دشمنوں کی بھی مجھ پر نظر ہے
ہے تاثیر اِتنی مری دوستی میں

خدارا خفا مجھ سے ہرگز نہ ہونا
اگر مانگ لوں میں تمہیں بندگی میں

کوئی میرے سورج سے کہہ دے یہ جاکر
کرن کھو نہ جائے تری روشنی میں

کس حال میں ہوں میں، انہیں اب تک پتہ نہیں
ہے زخم میرے دل کا پرانا، نیا نہیں

کتنی ہی محفلیں سجیں لہجے سے آپ کے
میرے لئے یہ کھوئی ہوئی سی صدا نہیں

بے وجہ ہم کسی سے بھی الجھیں گے کیوں یہاں
اِس شہر میں تو کوئی ہمیں جانتا نہیں

میں تیری بے رخی سے پریشان ہوں مگر
پھر بھی کسی بھی بات سے تیری خفا نہیں

سجدے کئے ہیں دل نے ترے در کے بار بار
کس منہ سے کہہ دوں میں کہ مرا تُو خدا نہیں

در سے تمہارے اٹھ کے چلے تو ہیں ہم کرنؔ
ہوں گے تمہارے سایے سے لیکن جدا نہیں

۳۶

زندگی کی حسین محفل میں
کوئی بیٹھا ہوا ہے اِس دل میں
فیصلہ بھی اُسی کے حق میں گیا
کچھ تو ہے بات میرے قاتل میں
ہم تو لوگوں سے کھُل کے ملتے ہیں
وہ جھجکتے ہیں اپنی محفل میں
جبکہ وہ مل کے بھی نہیں ملتے
فائدہ کیا ہے ایسے حاصل میں
ختم کر کے سفر نگاہوں کا
کوئی رہتا ہے آج بھی دل میں
ہے اندھیرا کرنؔ کے ساتھ چلو
روشنی چھا رہی ہے محفل میں

۳۷

اُن کو پھر سے میں دیکھوں اِتنی زندگی دے دو
میری بُجھتی آنکھوں کو کچھ تو روشنی دے دو

کیا کریں گے ہم لے کر اِتنی ساری دولت کو
ہم کو اپنے حصّے کی تھوڑی سی خوشی دے دو

زندگی نہ کٹ جائے نفرتوں کے سائے میں
اِسکو اَب محبت کی کچھ تو روشنی دے دو

جانے کب ضرورت ہو تم کو پھول کلیوں کی
اپنے پیار کی اُن کو تھوڑی تازگی دے دو

پھر نہ ہو کمی دیکھو! زندگی کی رونق میں
حُسن ہے اگر سادہ اور سادگی دے دو

زندگی کا ہر لمحہ ہوگا خود کرن آساں
اپنی پیاسی آنکھوں کو رسمِ عاشقی دے دو

۳۸

○

غم آشنا نہیں ہو، تم دلربا نہیں ہو
دل میرا جانتا ہے تم میرے کیا نہیں ہو
حالات نے کیا ہے مجبور تم کو شائد
ہم تم کو جانتے ہیں تم بے وفا نہیں ہو
تم آسماں پہ یوں ہی پرواز کرتے رہنا
منزل پہ ہم ملیں گے تم راستہ نہیں ہو
طوفاں ہزار آئیں بہہ جاؤ ساتھ میرے
تم ہمسفر ہو میرے تم ناخدا نہیں ہو
پہلی سی گفتگو میں کیوں تازگی نہیں ہے
لوگوں کا مجھ کو ڈر کیا، تم تو خفا نہیں ہو
سب کو عزیز تر ہے یہ روشنی کرن کی
اپنوں کا گھر جلائے تم وہ دیا نہیں ہو

○

۳۹

پتھر نہ ہم پہ پھینکو پھولوں میں یوں چھپا کر
مشکل بہت ہے جینا ، دامن بچا بچا کر

پوجا کی طرح اُس کے ہاتھوں کو چومتی ہوں
سو بار جو بنائے مجھکو مٹا مٹا کر

رشتوں کی اہمیت کو اَب تو سمجھ لو ، ورنہ
تم بھی نہ سو سکو گے ہم کو جگا جگا کر

صورت ہماری اُن کی آنکھوں میں بس گئی ہے
آئینہ دیکھتے ہیں خود کو سجا سجا کر

سونے کبھی نہ دے گی اُس کو بھی نیم خوابی
پردیس جو گیا ہے مجھکو رُلا رُلا کر

گرویدہ ہیں کرن ! وہ اَب میری شاعری کے
اتنا تو کر سکی ہوں غزلیں سُنا سُنا کر

۴۰

راہ میں چاند ستاروں کو سجا رکھا ہے
میں نے ہر ذرّہ کو پُرنور بنا رکھا ہے

کیا خبر اجنبی وہ شخص یہیں سے گذرے
احتراماً یہاں سر اپنا جُھکا رکھا ہے

آسمانوں کی طرف کون کہاں تک دیکھے
اپنا گھر ہم نے زمیں پر ہی بسا رکھا ہے

آپ کے شہر میں رسوائی سے بچنے کے لئے
آپ کے درد کو سینے میں چھپا رکھا ہے

جس کو خود رہ گذرِ کارواں معلوم نہیں
رہنما اس کو یہاں ہم نے بنا رکھا ہے

ختم جب ہوگیا شبنم کا سفر، میں نے کرنؔ
بھیگی پلکوں ہی سے دامن کو سجا رکھا ہے

۱۴

ہر تقاضا تمام ہو جائے
کوئی اچھا سا کام ہو جائے

اَب خدا سے یہی دعا ہے مری
میرا سب اُن کے نام ہو جائے

دل کی دھڑکن ہے لفظ لفظ مگر
ہر غزل اِک پیام ہو جائے

وہ اگر ماہتاب ہے تو خدا
میری ہر صبح، شام ہو جائے

ہے دُعا ہر جگہ صنم میرا
قابلِ احترام ہو جائے

مانگ لائے ہو جس کو سورج سے
وہ کِرن میرے نام ہو جائے

۴۲

روٹھے ہو کس لئے تم کس شئے کا اِتنا غم ہے
ہم سے خفا خفا کیوں پھر آج چشم نم ہے
ہونٹوں پہ ہے تبسّم، پلکیں ہیں بھیگی بھیگی
ہر ایک رُت میں اُن کا مجھ پر بڑا کرم ہے
آنکھوں میں بس گیا ہے خوابوں کی طرح کوئی
میں سر کہاں جھکاؤں ہر شئے میں تو صنم ہے
بیٹھے رہوں گی کب تک قدموں کی دھول بن کر
مانا کہ اُس گلی میں اُن کا ہر اک قدم ہے
ہیں منتظر نگاہیں کتنی بہاریں گذریں
ہر سانس میں ہماری اک پیار کا بھرم ہے
تو ہی بتا کرن میں کس طرح اُن کو ڈھونڈوں
اِس شہرِ آرزو میں اب روشنی بھی کم ہے

۴۳

درد، دل سے کبھی جُدا نہ ہوا
کوئی ہمدرد آپ سا نہ ہوا
اُن کے ہمراہ تھا تمام سفر
طے مگر پھر بھی راستہ نہ ہوا
ہم بھنور میں تھے ڈوبتے ہی گئے
ناخدا تو کبھی خدا نہ ہوا
آپ کا غم ہے آپ سے بہتر
وہ کبھی ہم سے بے وفا نہ ہوا
ہیں سبھی لوگ شہر کے اچھے
ہم سے بڑھکر کوئی بُرا نہ ہوا
ہم سے روٹھی رہی کِرن لیکن
دل تو دل سے کبھی جُدا نہ ہوا

۴۴

غم زدہ ہم ہیں یہ کہنا چھوڑ دو
یا ہمارے ساتھ رہنا چھوڑ دو

چاہیئے گر زندگانی کا مزہ
وقت کی لہروں میں بہنا چھوڑ دو

شک کریں گے لوگ اشکوں پر مرے
اِس طرح آنکھوں میں رہنا چھوڑ دو

ضبطِ غم اچھی علامت ہے مگر
پھر بھی تنہائی میں رہنا چھوڑ دو

جتنی مِل جائے خوشی، لیتے رہو
غم اگر مشکل ہو سہنا چھوڑ دو

دشمنوں سے کر لو سمجھوتہ کرنؔ!
دوستوں کا ظلم سہنا چھوڑ دو

۴۵

کوئی شعر گنگناتے تو حسین بات ہوتی
مرے ساتھ مسکراتے تو حسین بات ہوتی

مری زندگی سے بڑھکر مجھے تم عزیز کیوں ہو
یہی راز تم بھی پاتے تو حسین بات ہوتی

سبھی پیار کرنے والے یہاں آج آ گئے ہیں
اگر ایسے میں وہ آتے تو حسین بات ہوتی

کوئی اور رنگ ہوتا کسی بزمِ کہکشاں کا
وہ جو چاند بن کے آتے تو حسین بات ہوتی

کئی خواب زندگی کے یوں ہی بنتے ٹوٹتے ہیں
وہ نگاہ میں سماتے تو حسین بات ہوتی

کسی صحنِ گلستان میں ہے کرنؔ ابھی بھی تنہا
اگر آپ اب بھی آتے تو حسین بات ہوتی

۴۶

کہاں ملے گا ہمیں اپنا ہمسفر کوئی
ہمارے خوابوں سے ملتا ہوا نگر کوئی

اگرچہ آج بھی نظریں تلاش کرتی ہیں
تمہارے بعد نہ آیا یہاں نظر کوئی

ہزاروں منتیں کر کر کے ہم تو ہار گئے
ہوا نہ باتوں کا اُن پر کبھی اثر کوئی

خدا کرے کہ تمہاری طرح کوئی نہ رہے
وفا کے نام سے دنیا میں بے خبر کوئی

مسرتیں نہ میسر رہیں تو کیا غم ہے
اداس، سہما ہوا سا رہے نہ گھر کوئی

فضا میں پھیلیں گے ہم پیار کی کرن بن کر
ہماری بات رہے گی نہ بے اثر کوئی

نظریں ہیں مطمئن نہ تو دل کو قرار ہے
اُن کو گریز ہم سے، ہمیں اُن سے پیار ہے

اب کے برس چمن کی تو صورت بدل گئی
اب کے خزاں کے بھیس میں کیسی بہار ہے

ہر کوئی جی رہا ہے یہاں اپنے رنگ میں
پھر کیوں کسی کا ایسے میں اب انتظار ہے

چلنا ہے پھر بھی ہم کو زمانے کے ساتھ ساتھ
چہرہ پہ گو رواجوں کا گرد و غبار ہے

شبنم اُداس ہونٹوں پہ آ کر گری مگر
آنکھوں میں آج تک بھی اُسی کا خمار ہے

ملنا کسی کا ہم سے نہ ملنے کی طرح تھا
پھر بھی کرنؔ! اُسی کا ہمیں انتظار ہے

۴۸

کون آتا ہے یوں بُلانے سے
آئیں گے وہ کسی بہانے سے

اب تو لفظوں کی آبرو بھی گئی
حالِ دل آپ کو سنانے سے

اُن کی آنکھوں میں آ گئے آنسو
بارہا یوں ہمیں رُلانے سے

آپ تو میرے مہرباں ٹھہرے
ہے شکایت مجھے زمانے سے

کم سے کم تم تو ہو مری پہچان
نام لینا کسی بہانے سے

لوگ آئیں گے پھر اُجالوں میں
یوں کرنؔ تیرے پھیل جانے سے

کبھی بے سبب تم رلا کر تو دیکھو
مجھے میری جاں آزما کر تو دیکھو

نہ چھوڑیں گے پل بھر کو دامن تمہارا
کبھی ہم کو اپنا بنا کر تو دیکھو

وفا کا مہکتا ہوا پھول بن کر
مہک اپنی ہم پر لٹا کر تو دیکھو

نہ ٹوٹے گا بندھن کبھی یہ ہمارا
کبھی ہم سے دو پل نبھا کر تو دیکھو

ابھی تک کھڑے ہیں اُسی موڑ پر ہم
کبھی تم وہاں ہم کو آ کر تو دیکھو

کرنؔ زندگانی کی اُترے گی دل میں
کبھی اپنا دامن سجا کر تو دیکھو

۵۰

تجھ سے رشتہ تو اک بہانا تھا
مجھ کو ویسے بھی ٹوٹ جانا تھا
رنج اُس وقت تک نہ تھا مجھ کو
جب تلک تیرا آنا جانا تھا
بعد مدت کے یہہ ہوا محسوس
مجھ کو تجھ سے نہ دل لگانا تھا
آج کا دن بھی میرا اپنا ہے
جس طرح کل مرا زمانہ تھا
زندگی کی حسین محفل سے
آپ کو اِس طرح نہ جانا تھا
میری آنکھوں میں روشنی بن کر
تم کرن میرے پاس آنا تھا

۵۱

دل دیا ہے دغا نہیں کرنا
دل سے دل کو جُدا نہیں کرنا

یاد آؤں تو یاد کر لو مگر
کبھی مجھ سے ملا نہیں کرنا

چاہے دیوارِ غم اُٹھے کہ گرے
پیار میں تم گلہ نہیں کرنا

راستے ہوں الگ الگ تو کیا
منزلوں کو جُدا نہیں کرنا

جب خدا کو مرے نہ ہو منظور
آنکھ سے بھی چھوا نہیں کرنا

دوستوں کی خوشی کے حق میں کرنؔ
دشمنوں کا بُرا نہیں کرنا

۵۲

بلا لو نظر، دور جانے سے پہلے
مجھے یاد کر لو، بھلانے سے پہلے

اب اُجڑیں اگر ہم تو پھر کب بسیں گے
ذرا سوچ لیجئے، مٹانے سے پہلے

اگر ضد ہے تا عمر روتے رہیں ہم
ہنسا لو ہمیں پھر رُلانے سے پہلے

کہیں تجربہ، حادثہ بن نہ جائے
ہمیں دیکھ لو آزمانے سے پہلے

کبھی داغ مٹتا نہیں زندگی بھر
بچا لیجئے دامن، جلانے سے پہلے

کرن لٹ نہ جائے بکھرنے کی خاطر
منا لو اُسے روٹھ جانے سے پہلے

۵۳

ہٹ کے رستے سے جو چلا ہوگا
ہاں وہی میرِ قافلہ ہوگا

دونوں مصروفِ خود پرستی ہیں
کون کس پر یہاں فدا ہوگا

اُس کو غیروں سے لینا دینا کیا
تم نہ ہوگے تو وہ خفا ہوگا

جس نے اک بار تم کو دیکھا ہو
آئینہ روز دیکھتا ہوگا

زندگی ہوگی در بہ در رُسوا
درد، دل سے اگر جُدا ہوگا

شہر لوٹی تو ہوں کرن لیکن
اب مجھے کون جانتا ہوگا

۵۴

○

نہ جانے بدلے گا کب یہ روایتوں کا چلن
چتا کی آگ میں جلتی ہے آج بھی دولہن
زمین کا قرض چکانا ہے، منتظر رہیئے
ہوائیں تیز ہیں اور جل رہی ہے شمعِ وطن
شرافتوں کی یہاں اِس قدر ہے ارزانی
ہر ایک گھر میں شہیدوں کا بِک رہا ہے کفن
ہے کون پردہ کے پیچھے نظر نہیں آتا
یہ کیسی رُت ہے کہ پھولوں کا جل رہا ہے بدن
وہ ایک صبح کہ جس کا ہے انتظار ہمیں
کبھی تو دیکھے وہ آئے گی نور کا درپن
کرنؔ ہوں، جھانسی کی رانی کی میں بھی وارث ہوں
کروں گی جان میں اپنی خوشی سے، نذرِ وطن

○

۵۵

رسم یہ بھی ہے دل دکھانے کی
یاد کر کر کے بھول جانے کی

اس لئے میں مناتے رہتی ہوں
اُن کو عادت ہے روٹھ جانے کی

ہم کبھی تم سے بے وفا نہ رہے
تم میں تھیں سازشیں زمانے کی

پھول کی طرح ہم بکھرتے گئے
آرزو تھی اُنہیں مٹانے کی

بس یہی آخری تمنا ہے
اُن کے قدموں پہ سر جھکانے کی

صاف کہئیے کرؔن سے چاہت ہے
کیا ضرورت تھی اس بہانے کی

۵٦

رات آنکھوں میں کٹی پھر بھی سویرا نہ ہوا
جب سے تم چھوڑ گئے گھر میں اُجالا نہ ہوا

فصلِ گُل جھوم کے آئی نہ تو مہکا گلشن
جب تلک تیری محبت کا اشارہ نہ ہوا

کتنی قربانیاں دیں آپ کی خاطر میں نے
اِس محبت میں کوئی خواب بھی پورا نہ ہوا

تیری تنہائیوں کا مجھ پہ ہے الزام بہت
کیا ترے بعد کوئی شہر میں رسوا نہ ہوا

جس گلی میں بھی ترے نقشِ قدم اُبھرے تھے
آج تک بھی اُسی کوچے میں اندھیرا نہ ہوا

جب کُھلے ذہن سے تم بھی نہ ملے مجھ سے کرن
اس بھرے شہر میں پھر کوئی بھی میرا نہ ہوا

۵۷

ہزار پہرے زباں پر ہوں پھر بھی بولیں گے
یہ اور بات کہ تنہائیوں میں رو لیں گے
گر ایک بار بھی دامن تمہارا مل جائے
تمام عمر نہ پلکوں کو ہم بھگو لیں گے
گوارا کب رہی اُس بے وفا کی رسوائی
سہیں گے ظلم مگر اپنے لب نہ کھولیں گے
ہمیں بھی پیار جتانے کا ایک موقع دو
تمہارے اشک بھی پلکوں پہ ہم پرو لیں گے
مسرتیں جو ہر اک گھر میں بانٹتا تھا یہاں
ہم اُس کے غم میں بھی کچھ دیر مل کے رو لیں گے
خوشی بھی روٹھ گئی ہم سے آ بھی جاؤ کرنؔ!
ہم اپنے چہرہ کو پھر آنسوؤں سے دھو لیں گے

۵۸

جس شخص کو ہے خود کو لٹانے کی تمنا
ہوتی ہے اُسے گھر کو سجانے کی تمنا

لائی ہوں میں آکاش سے یہ چاند ستارے
مجھ کو ہے ترے گھر کو سجانے کی تمنا

سپنوں ہی میں آتے ہیں مگر پھر بھی ہے اُن کو
دنیا کو حسیں اور بنانے کی تمنا

تم سامنے بیٹھے رہو، برسوں سے ہے دل میں
ہر تازہ غزل تم کو سُنانے کی تمنا

مدت سے یہی ہے مرے دل میں ترے ہمراہ
ہر لمحہ میں اک عمر بتانے کی تمنا

خواہش ہے کہ ہوجاؤں فدا تجھ پہ کرنؔ میں
اب تک بھی ہے دل میں تجھے پانے کی تمنا

۵۹

پہلے اپنا تو مجھکو بنا لیجئے
پھر زمانے کے سب غم اٹھا لیجئے

آپ کے غم میں بہتے ہیں آنسو مرے
دل کے ہر داغ کو اَب سجا لیجئے

چھاؤں کی شائد اُسکو ضرورت بھی ہو
اُس مسافر کو بھی اَب بُلا لیجئے

بھیگی پلکیں بھی نعمت سے کچھ کم نہیں
اشک سے اپنا دامن سجا لیجئے

بھیڑ میں ہوں دُکھوں کی میں تنہا بہت
ہمسفر مجھکو اپنا بنا لیجئے

ہے کرنؔ اجنبی، غیر تو وہ نہیں
اُسکو اپنی جبیں پر سجا لیجئے

۶۰

کس حال میں ہوں میں کبھی آ کر نہیں دیکھا
ملتا تھا سر راہ مرا گھر نہیں دیکھا
آنکھوں میں چھپا لے گیا بہتے ہوئے آنسو
خود دار تھا اِتنا کبھی مُڑ کر نہیں دیکھا
گلشن کو جو مہکاتے رہے ایسے گلوں کو
حیرت ہے کسی نے اُنھیں چُھو کر نہیں دیکھا
ہنستے ہوئے چہرے پہ نظر اُس کی تھی لیکن
بگڑا ہوا کب سے ہے مقدر نہیں دیکھا
اُسکو بھی شکایت ہے نسیم سحری سے
آنکھوں نے کبھی جس کی گُلِ تر نہیں دیکھا
خواہش نہ کرائے دوست! کبھی ایسی کرنؔ کی
دنیا نے جسے آنکھ ملا کر نہیں دیکھا

۶۱

تمہیں بھولنا کب ہے بس میں ہمارے
بہت سے ہیں احسان ہم پر تمہارے

بھنور میں بھی ہم آج تک مطمئن ہیں
وہ ڈرتے ہیں رہ کر کنارے کنارے

نہ دیکھے جو گزرے ہوئے دن کو مڑ کر
وہ اپنوں کی صورت ہمیں کیوں پکارے

جُدائی میں تیری جئے جا رہے ہیں
ہیں زندہ ابھی تیرے غم کے سہارے

اِدھر بجھ رہا ہے دِیا زندگی کا
اُدھر میری قسمت کے چمکے ستارے

مری زندگانی پہ احسان ہوگا
کرن سے سجیں جو اندھیرے تمہارے

۶۲

دل کو نیا اک زخم ملا ہے
اس کے سوا کیا تُو نے دیا ہے

اتنا خفا کیوں ہوتے ہو مجھ سے
میں نے تمہیں کب اپنا کہا ہے

کہنے کو ہم جی تو رہے ہیں
زیست میں ویسے کیا رکھا ہے

کل جو یہاں تھا سب کا مسیحا
موت کے وہ ہمراہ چلا ہے

پھر سے نیا اک زخم نہ دینا
دل کا ہر اک گھاؤ بھرا ہے

اب بھی کرن ہے مدھم مدھم
تو نے خدا کیوں ایسا کیا ہے

۶۳

رسمِ وفا ہے یہ بھی پوچھا نہیں تو کیا غم
سُن تو رہا ہے وہ بھی دیکھا نہیں تو کیا غم
ممکن نہیں ہے اُس کا غیروں میں ہونا شامل
ہم کو عزیز ہے وہ اپنا نہیں تو کیا غم
سرگوشیاں تھیں اُسکی آنکھوں میں زندگی کی
وہ جانتا ہے مجھکو پوچھا نہیں تو کیا غم
اُسکی عنایتوں سے کھائے ہیں زخم اِتنے
روٹھا ہوا ہے یہ دل ٹوٹا نہیں تو کیا غم
یہ پیار بھی تو اپنا پوجا سے کم نہیں ہے
انسان ہے وہ پھر بھی دیوتا نہیں تو کیا غم
چاہت میں اک کرن کی بکھرتی ہے کہکشاں بھی
جاری سفر ہے اَب بھی رستہ نہیں تو کیا غم

۶۴

بسا ہوا ہے جو نس نس میں زندگی بن کر
وہ مجھ سے آج بھی ملتا ہے اجنبی بن کر

کرشمہ کوئی خدا کا دکھائی دیتا ہے
یہ کون آیا ہے اِس گھر میں روشنی بن کر

ہے منتظر کئی برسوں سے اپنے گلشن میں
بہ شکلِ دوست کوئی رسمِ دوستی بن کر

جدھر چلیں وہی صحرا دکھائی دیتا ہے
چمن کے پھولوں میں بس جاؤ تازگی بن کر

دعا تو یہہ ہے کہ مل جائے وہ کہیں ہم کو
خدا کی طرح نہیں بلکہ آدمی بن کر

کہاں تلک یوں ہی ہلکی سی اک کرن کی طرح
بکھرتے جاؤ فضاؤں میں روشنی بن کر

۶۵

ہوش میں ہوں تو ہمیشہ وہ بُرا کہتے ہیں
بے خودی میں وہ ہمیں اپنا خدا کہتے ہیں
بھول کے غیروں کی باتوں پہ کبھی دھیان نہ دو
لوگ اچھوں کو ہمیشہ ہی برا کہتے ہیں
اُن کے سینے میں کوئی دل نہیں پتھر ہوگا
وہ جو بے لوث محبت کو خطا کہتے ہیں
دیکھ کر حال مرا آپ کی دنیا والے!
جانے کیوں ہم کو عزیزوں کی دعا کہتے ہیں
تہمتیں لاکھ لگایا کریں دنیا والے!
ہم تو اس کو بھی تو قدرت کی عطا کہتے ہیں
اس حقیقت کو کرنؔ! یاد ہمیشہ رکھنا
جیسے ہیں لوگ وہی ہم کو دیا کرتے ہیں

۶۶

مجھے بسانا ہے اُس جا پہ اک جہاں کوئی
ترے سوا کوئی رہتا نہ ہو وہاں کوئی
ہم اُس مقام پہ مدت سے اب بھی ہیں تنہا
نہ آیا ملنے ترے بعد پھر وہاں کوئی
شگفتہ چہرے بہت سے ملیں گے تم کو مگر
تمہیں ملے گا نہ ہم جیسا پھر یہاں کوئی
کبھی نہ پائیں گے ہم جیسا اپنی محفل میں
تلاش کرتے رہیں آپ ہم زباں کوئی
یہاں سے دور کچھ ایسے مقام پر چلئے
زمانے بھر کا ستایا نہ ہو جہاں کوئی
کرن کی سب سے جدا ہو گئی ہے اب منزل
پہونچ نہ پایا مرے بعد اب وہاں کوئی

تمام رسموں کو کیوں توڑ کر چلے آئے
یہ کیسے موڑ پہ تم چھوڑ کر چلے آئے

ہم اس خیال سے پہچان کا وقار رہے
جو رشتے ٹوٹے انہیں جوڑ کر چلے آئے

کسی کا ڈر نہیں ہم اُن کی آبرو کے لئے
ہم اپنے رستوں کو خود موڑ کر چلے آئے

سفر طویل تھا لیکن سمجھ نہ پائے کبھی
کہاں پہ زندگی ہم چھوڑ کر چلے آئے

ایک ایسے لمحے میں جب اعتبار آیا تھا
کسی کی آس کو ہم توڑ کر چلے آئے

رہے نہ کوئی بھی گوشہ کبھی اندھیرے میں
اندھیرے گھر میں کرن چھوڑ کر چلے آئے

۶۸

اُنہیں ہم سے جتنا گریز تھا ہمیں اُن کی اتنی ہی چاہ تھی
نہ تھیں منزلیں، نہ تھا راستہ، کسی دل کو دل سے تو راہ تھی

تھا یہ وقت بھی تو رُکا ہوا یہ حیات ٹھہری ہوئی سی تھی
ترے بِن مگر مرے اے خدا مری زندگی تو گناہ تھی

کئی دیر و حرم میں دعا بھی کی، کسی چارہ گر نے دوا نہ دی
مرے زخمِ دل کا علاج تو تری پہلی پہلی نگاہ تھی

اُسے سنتے سنتے تری طرح کئی سنگِ سخت بھی رو پڑے
میری داستانِ غزل میں تو مرے دردِ دل کی بھی آہ تھی

وہ تو راہ بن کے گزر گئے، وہاں سنگِ میل تھے ہم بنے
جہاں ہم جو مل کے بچھڑ گئے کہو کس طرح کی وہ راہ تھی

تھی وفا کے ابر میں چھپی وہ کرن بھی جو کہ ہے روشنی
اُسی بے وفا کو نہ جانے کیوں ابھی بجلیوں ہی کی چاہ تھی

اشک آنکھوں سے پیا بھی نہ بہایا ہم نے
آگ کو دل میں کچھ اِس طرح چھپایا ہم نے

وہ کبھی اپنے ہوئے اور نہ وہ غیر ہوئے
اُن کو کھویا بھی نہیں اور نہ پایا ہم نے

دل تو پہلے ہی سے زخمی ہے دُکھی اور نہ کر
اے زمانے! ترا ہر بار اٹھایا ہم نے

ہم سے ملتے ہیں وہی دشمنِ جانی کی طرح
جس کسی کو بھی یہاں اپنا بنایا ہم نے

سر جھکائے رہے اِس واسطے ہر اک لمحہ
اے خدا تجھکو ہر اک ذرہ میں پایا ہم نے

حادثہ کیا تھا کرن! کچھ نہ سمجھ میں آیا
عمر بھر کس کے لئے خود کو گنوایا ہم نے

منزلیں بھی اپنی تھیں، راستہ بھی اپنا تھا
ہم جہاں جہاں گذرے، پیار کا سویرا تھا
کھو کے تیری آنکھوں میں دو جہاں کو پایا ہے
وہ محل تھا سپنوں کا خواب تیرا میرا تھا
ادھ کھلے سے ہونٹوں پر ان کہی سی باتیں تھیں
دو دلوں پہ جانے وہ کس طرح کا پہرا تھا
اِک چمن کھِل اُٹھتا تھا ہم جہاں پہ ملتے تھے
آرزو کی شاخوں پر عشق کا بسیرا تھا
دُور تم بھی رہتے تھے دُور ہم بھی رہتے تھے
فاصلہ تھا صدیوں کا ربط پھر بھی گہرا تھا
اِس قدر قریب آکر کیوں جدا ہوئے دونوں
شام سے تھی تنہائی پھر نیا سویرا تھا
آؤ پھر سے ڈھونڈیں ہم بھولی بسری یادوں کو
مدتوں کرنؔ پہلے، دُور تک اندھیرا تھا

۱۷

دنیا تمام بن گئی ہے گھر مرے لئے
دنیا میں کیا ہے آپ سے بڑھ کر مرے لئے

آنکھوں سے وہ تو لے گیا موتی کو چھین کر
چھوڑا ہے آنسوؤں کا سمندر مرے لئے

تھا فرشِ گل بچھا ہوا اوروں کے واسطے
ہر گام پر رکھے گئے پتھر مرے لئے

جب میں نے سچ کہا تو صلہ یہ ملا مجھے
آئے ہیں لوگ ہاتھوں میں خنجر لئے ہوئے

کانٹے بچھاتے رہتے تھے کل تک جو راہ میں
آئے ہیں آج پھولوں کی چادر لئے ہوئے

ہر لمحۂ عزیز تو ٹھکرا کے چل دیا
تم بھی کرن نہ آئے پلٹ کر مرے لئے

۷۲

مجھے آج دل سے بھلانے لگے ہو
کیوں اپنوں سے دامن بچانے لگے ہو

اِن آنکھوں کو میں نے ہی تو روشنی دی
مجھی سے نظر کیوں چُرانے لگے ہو

یہ کیسا تغافل، یہ کیسی عداوت
مرے نقشِ پا تک مٹانے لگے ہو

وہ بادل میں بجلی ذرا سی جو چمکی
چراغِ محبت بجھانے لگے ہو

تم ہی نے تو زخموں کی سوغات دی تھی
تو پھر دامن اب کیوں چھڑانے لگے ہو

اُجالوں سے دامن بچانے کی خاطر
کرن سے بہانے بنانے لگے ہو

۷۳

وہی ایک لمحہ وصال کا تمہیں یاد ہو کہ نہ یاد ہو
جو بنا ہوا تھا فراق سا تمہیں یاد ہو کہ نہ یاد ہو

جہاں ساتھ گذرے تھے چار پل وہی اپنی تازہ حیات کے
اُسی بام و در کا وہ آسرا تمہیں یاد ہو کہ نہ یاد ہو

تھی تمام چاہتیں اُس طرف، اِدھر ایک چاہ تھی آپ کی
مری زندگی کا سوال تھا تمہیں یاد ہو کہ نہ یاد ہو

کبھی تم بھی مل کے بچھڑ گئے، کبھی ہم بھی مل کے بچھڑ گئے
وہی دوریاں وہی فاصلہ تمہیں یاد ہو کہ نہ یاد ہو

یہ ستم حیات کے کم نہ تھے، وہاں پھر تمہاری عنایتیں
مرے دل پہ جو بھی تھا بار سا تمہیں یاد ہو کہ نہ یاد ہو

جو بہار کل تھی یہ چمن چمن وہ بھی آج ہم سے بچھڑ گئی
ہوا یوں بھی تھا کبھی حادثہ، تمہیں یاد ہو کہ نہ یاد ہو

جہاں کھوئی تھی کرن، کبھی کسی غم زدہ کی تلاش میں
وہ تمہارے گھر کا تھا راستہ، تمہیں یاد ہو کہ نہ یاد ہو

میں نے مانا کہ اجنبی ہو تم
دل یہ کہتا ہے زندگی ہو تم
زندگی کے گھنے اندھیروں میں
اک پگھلتی سی روشنی ہو تم
آج تک یہ سمجھ نہ پائے ہم
کہ خدا ہو یا آدمی ہو تم
یہ تو بندھن جنم جنم کا ہے
پھر بھی لگتا ہے اجنبی ہو تم
زندگی کے ورق پہ لکھی ہوئی
گنگناتی سی شاعری ہو تم
آسماں پر کسی کرن کی طرح
میری آنکھوں میں آج بھی ہو تم

اپنا گھر اپنے ہی ہاتھوں سے بچانا ہے ہمیں
دل کی دنیا کو اُجڑنے سے بچانا ہے ہمیں

ہم مسافر ہیں کوئی راہ کا پتھر تو نہیں
کارواں والوں کو اِتنا ہی بتانا ہے ہمیں

کوئی اُجڑے نہ یہاں کوئی بھی برباد نہ ہو
پیار کی شہر میں پھر شمع جلانا ہے ہمیں

بانٹ لیں جتنے بھی مل جائیں یہاں غم ہم کو
اُجڑے ہیں جتنے یہاں اُن کو بسانا ہے ہمیں

چلتے رہنا ہے ہمیں ایک مسافر کی طرح
اپنی راہوں میں قدم اور بڑھانا ہے ہمیں

بیٹیاں اَب کسی گھر میں بھی نہ جلنے پائیں
ایسی لعنت کو بھی اَب جڑ سے مٹانا ہے ہمیں

آسمانوں کی بلندی کو بھی چھونے کے لئے
اپنی دھرتی کو کرنؔ اور اُٹھانا ہے ہمیں

۷۶

آتے جاتے لوگ ہمیں کیوں دوست پُرانے لگتے ہیں
چاہت کی اِس حد پر یارب! ہم تو دیوانے لگتے ہیں

سننے والا کوئی اگر ہو کہتے دل کی باتوں کو
اُس کے بنا تو آج اُدھورے اپنے فسانے لگتے ہیں

پھر سے بہاریں لے کر آئیں جھکی ہوئی سی یادوں کو
آ بھی جاؤ اَب ملنے کے اچھے بہانے لگتے ہیں

دل کرتا ہے پھر سے دیکھوں کھوئے ہوئے اُس منظر کو
پیاسی آنکھوں کو وہ نظارے کتنے سہانے لگتے ہیں

خوشبو وہی ہے، رنگ وہی ہے آج وفا کے پھولوں کا
آپ کیا آئے پھر سے چمن میں دن وہ پرانے لگتے ہیں

ٹوٹی ہوئی سی ایک کرن ہے کافی اندھیرے والوں کو
گھر میں اُجالے ڈھونڈنے والے گھر کو سجانے لگتے ہیں

جب غزل کا پیام آتا ہے
صرف میرے ہی نام آتا ہے
میرے خوابوں میں تیری یاد کا چاند
دل جو ڈوبے تو کام آتا ہے
جب کبھی آتا ہے وہ خیالوں میں
بن کے صد اہتمام آتا ہے
میکدے سے کسی کو کیا مطلب
جب نظر کا پیام آتا ہے
پاؤں اُٹھتے ہیں جب سفر کے لئے
رہ میں شمعیں کوئی جلاتا ہے
میری آنکھوں میں اب بھی ہے وہ کرن
جو یہاں صبح و شام آتا ہے

میرے ماضی سے مجھ کو ملا دیجئے
بعد میں جیسی چاہیں سزا دیجئے

آپ آئیں گے اک دن یقیں ہے مگر
جی سکوں جب تلک حوصلہ دیجئے

کب کہا میں نے دَیر و حرم چاہیئے
تھوڑی سی، اپنے دل میں جگہ دیجئے

کھو نہ جاؤں میں دُنیا کی اِس بھیڑ میں
اپنے دامن کا کچھ آسرا دیجئے

خشک پتے ہرے خود ہی ہو جائیں گے
تازہ موسم کی تھوڑی ہوا دیجئے

پھول، خوشبو، وفا، پیار، پہلی کرن
کِس سے رشتہ ہے یہ تو بتا دیجئے

میکدے باقی نہ پیمانے رہے
جانِ محفل اب نہ دیوانے رہے

جب تلک پیاسے رہے اہلِ جنوں
شہر میں آباد میخانے رہے

ہے فضاؤں میں کہاں لیلیٰ کا نام
قیس کے دم سے ہی دیوانے رہے

زندگی کی آخری سانسوں تلک
شمع کی آنکھوں میں پروانے رہے

رونقِ محفل کہاں باقی رہی
جب نہ دیوانے ہی دیوانے رہے

مطمئن کیوں کر رہوں گی میں کرن
جب ادھورے سارے افسانے رہے

۸۰

ڈر ہے وہ مہرباں نہ ہو جائے
یہ زمیں، آسماں نہ ہو جائے

اتنا آنکھوں سے کام مت لیجے
دل کہیں بے زباں نہ ہو جائے

جس کو مانگا ہے ہر جنم کے لئے
وہ مرا مہماں نہ ہو جائے

روز اتنا سنور کے مت آنا
ہر ادا امتحاں نہ ہو جائے

ہم کو دیکھو نہ ایسی نظروں سے
حال، دل کا بیاں نہ ہو جائے

ان دنوں مجھ سے جو خفا ہے کرنؔ
کل وہی مہرباں نہ ہو جائے

۸۱

مری زندگی گنگناتی رہے
تری یاد ہر وقت آتی رہے

یہی کام ہے زندگی کا مری
جو روٹھے ہوں اُن کو مناتی رہے

وہ ہر رات سپنوں میں آتے رہیں
تھپک کر ہمیں شب، سُلاتی رہے

مہکتی رہے میری ساری حیات
فضاؤں سے خوشبو سی آتی رہے

خیالوں میں ہر شام آتے تو ہیں
ہر اک شام اُن کو بھی رُلاتی رہے

ہے اِتنی تمنّا مرے دوست کی
کرنؔ انجمن کو سجاتی رہے

۸۲

پھر نیا حادثہ نہ ہو جائے
زندگی پھر سزا نہ ہو جائے

آنسوؤں سے میں لکھ رہی ہوں کتاب
دوست مجھ سے خفا نہ ہو جائے

ہر جگہ اپنا نام لکھ ورنہ
راستہ لاپتہ نہ ہو جائے

اِس لئے دوستوں سے ڈرتی ہوں
دشمنوں کا بھلا نہ ہو جائے

یوں نہ گزرو قریب سے میرے
انتظار اک سزا نہ ہو جائے

ڈر ہے تیری عبادتوں سے کرنؔ
ایک دن تُو جُدا نہ ہو جائے

۸۳

وقت ہے آپ کا تو مٹا دیجئے
تیز دھاروں میں مجھ کو بہا دیجئے

یہ سچ ہے تحریریں قسمت کی مٹتی نہیں
میں ہوں مجرم تو مجھ کو سزا دیجئے

رفتہ رفتہ جلیں گے یہ پروانے سب
دل کی یہ شمع پہلے جلا دیجئے

اجنبی میں نہیں اِس گلی کے لئے
کم سے کم مجھکو تو راستہ دیجئے

بھیگی بھیگی سی پلکیں ہیں پھر کس لئے
آپ کے دل میں کیا ہے بتا دیجئے

صدرِ محفل کرن بن کے آئے ہیں وہ
آج جی بھر کے غزلیں سنا دیجئے

۸۴

مانگی تھی ہم نے تم سے یہ وہ شام تو نہیں
یہ تو سزا ہے، یہ کوئی انعام تو نہیں

ساحل سے جا ملوں گی میں اک دن یقین ہے
طوفان میں گھِروں، مرا انجام تو نہیں

نظریں جو تم نے پھیر لیں، موسم ہی اور تھا
یہ صبح وہ نہیں ہے یہ وہ شام تو نہیں

دیتے ہو کس لئے مجھے جینے کی بددُعا
جب تم نہیں تو زیست میں آرام تو نہیں

پھولوں کے ساتھ طنز کے پتھر تراشنا
بے لوث میرے پیار پہ الزام تو نہیں

تو بھی تو اِک کرن ہے، ترا فیض، عام ہے
صرف ایک گھر سجے، یہ ترا کام تو نہیں

۸۵

○

اُس طرف عداوت ہے اِس طرف محبّت ہے
اے خدا مجھے تیری آج بھی ضرورت ہے
خود پسند انساں کو کون جا کے سمجھائے
زندگی کا مقصد ہی پیار ہے، محبّت ہے
اپنی اپنی دنیا میں سانس لے رہے ہیں لوگ
دوسروں کا غم سمجھیں کس کو اِتنی فرصت ہے
ہے مری نگاہوں میں نورؔ جیسا وہ چہرہ
جس طرف نظر ڈالوں بے وفا کی صورت ہے
حادثہ ہے یہ بھی اِک، عمرِ نو کے انساں کا
خود پسند جلوؤں کو دیکھنے کی عادت ہے
دُکھ بھری یہ دنیا ہے جان لے کرنؔ اِتنا
روتے روتے ہنسنا بھی اک طرح کی نعمت ہے

○

○

سُلجھی ہوئی زلفوں کو بکھر جانے کی ضد ہے
موسم کو بھی اَب حد سے گزر جانے کی ضد ہے
اَب کوئی گھُٹن ہوگی نہ اِس شہرِ وفا میں
خوشبو کو ہر اک گھر میں بکھر جانے کی ضد ہے
ہم جانتے ہیں یہ تو ہے ہر روز کا معمول
روٹھے ہیں اگر آپ تو سمجھانے کی ضد ہے
جس شخص سے بچھڑے ہوئے مدت ہوئی ہم کو
اُس شخص کو جیسے بھی ہو اَب پانے کی ضد ہے
راس آ تو گیا ہے ہمیں پردیس کا موسم
پھر بھی ہمیں اَب لوٹ کے گھر جانے کی ضد ہے
خواہش تو یہی ہے کہ کرنؔ خود کو نہ پاؤں
اِس شہر میں پھر سے مجھے کھو جانے کی ضد ہے

○

۸۷

○

دل پر یہ کون چھایا ہوا ہے پتہ نہیں
وہ شخص کون ہے یہ کسی نے کہا نہیں

ہم بار بار چومتے ہیں جن کی خاک کو
قدموں کو ایسے ہم نے ابھی تک چھوا نہیں

آجاؤ پھر سے بزمِ گلستاں سجا ہی دیں
ہم سے تو آج کل یہ بہاریں خفا نہیں

ہم کو سُنا رہا ہے جو اپنی کہانیاں
نام اُس کا کیا ہے ہم نے ابھی تک سُنا نہیں

یادوں کی محفلوں کو غنیمت ہی جانیئے
اُجڑے ہوئے ہیں خواب تو ہم کو گلہ نہیں

ہونٹوں پہ مت سجاؤ کرن دل کی بات کو
اُن سے نظر ملانے کا اَب حوصلہ نہیں

○

آنکھوں میں اشک تھے تو ہنسانے کی بات تھی
روٹھا ہوا تھا وہ، تو منانے کی بات تھی

بے وجہ مسکرا کے بھی دیکھتا رہے ہیں ہم
جو کچھ بھی غم ملے ہیں سنانے کی بات تھی

ہے فیصلہ رُکا ہوا دونوں کے درمیاں
ماضی کے سمت لوٹ کے جانے کی بات تھی

موسم بہت سہانا تھا آکر چلا گیا
جو فاصلے تھے ہم میں مٹانے کی بات تھی

وہ اجنبی تھا پھر بھی بہت ہی قریب تھا
تب دوستی کا ہاتھ بڑھانے کی بات تھی

ہم کو ملی تھی پیار کی پہلی کرن جہاں
اُس موڑ پہ ہی دنیا بسانے کی بات تھی

٨٩

پیامِ دوست صبا لائے گی کبھی نہ کبھی
وہ ایک شکل نظر آئے گی کبھی نہ کبھی

کسی نے جاتے ہوئے برگِ گُل پہ لکھا تھا
چمن سے اپنے خزاں جائے گی کبھی نہ کبھی

وہ ایک روشنی جس کی ہمیں ضرورت ہے
ہمارے گھر میں اُتر آئے گی کبھی نہ کبھی

اگرچہ بھیڑ میں دُنیا کے کھو گئی ہے آج
وہ زندگی ہمیں ہاتھ آئے گی کبھی نہ کبھی

جہاں کہیں بھی رہیں آپ، آپ کے گھر تک
ہماری خوشبو بہ چلی آئے گی کبھی نہ کبھی

اِسی خیال سے پھولوں کے درمیاں ہوں کرنؔ
نسیمِ صبح اِدھر آئے گی کبھی نہ کبھی

۹۰

○

میں دُکھی ہوں تو مجھے پاس بُلا کر دیکھو
ہوں تبسم، مجھے ہونٹوں پہ سجا کر دیکھو
ہم بھی تصویرِ نگہبانِ چمن ہیں کہ نہیں
ایک بار اب کے برس پھر ہمیں آ کر دیکھو
یہ سماں نوُر میں ڈھل جائے گا رفتہ رفتہ
ہاتھ تو مِلتے ہیں دل بھی تو ملا کر دیکھو
بن بُلائے یہاں تم خود ہی پلٹ آؤ گے
انجمن سے مری اک دن کہیں جا کر دیکھو
ہم گذر جائیں گے دیدار کی حسرت لے کر
زندگی میں کسی دن تو ہمیں آ کر دیکھو
منتظر کوئی کرن اب بھی ملے گی تم کو
ہم جہاں بچھڑے تھے اُس موڑ پہ جا کر دیکھو

○

۹۱

بے سبب دوست کی محفل سے اُٹھایا نہ کرو
غم زدہ ہم ہیں، ہمیں اور ستایا نہ کرو

زندگی بھر کی تھکن اُتری ہے آنکھوں میں مری
کچی نیندوں سے مجھے آج جگایا نہ کرو

چند آہوں کے سوا کیا دیا دنیا نے مجھے
آج ہنسنے دو مجھے اور رُلایا نہ کرو

بعد مدت کے ملا ہے مجھے ہنسنے کا صلہ
دردِ دل بن کے مری زیست میں آیا نہ کرو

تم کو جو شام و سحر یاد کیا کرتے ہیں
کبھی بھولے سے بھی اب اُن کو بھلایا نہ کرو

غم کے اظہار پہ خوش ہوتی ہے دنیا ساری
داستاں دل کی کرنؔ اُس کو سُنایا نہ کرو

۹۲

مجھے ڈر ہے میرا سفر رُک نہ جائے
اگر اِس طرح سے تُو آنسو بہائے
ہمیں بے وفائی کا الزام دے کر
ندامت سے بیٹھے ہیں وہ سر جُھکائے
گئے تھے جو بے وجہ دامن بچا کر
وہ اب تک مرے گھر پلٹ کر نہ آئے
لگی دل پہ گہری سی اک چوٹ جس دم
بہت دیر تک ہم یہاں مسکرائے
خبر اُن کے آنے کی جب بھی ملی ہے
ہر اک گام میرے قدم ڈگمگائے
غزل منتظر ہے کرن ساز چھیڑو
سہانا ہے موسم کوئی گنگنائے

۹۳

○

رہتا تھا جس کا شام و سحر انتظار سا
کیوں دل کو اُس پہ آج بھی ہے اعتبار سا
جب دل میں دُور تک کوئی اُس کے سوا نہیں
پھر درد کیوں ہے دل میں مرے، بے شمار سا
صحرا نوردیوں کی روایت ہے ہم پہ ختم
ہے کارواں کے ساتھ ہی گرد و غبار سا
ٹھہری ہوئی سی آنکھیں یہ کہتی ہیں ہم سے آج
لگتا ہے آپ کو بھی ہے کچھ انتظار سا
پھولوں کی پیاس اُس کی سمجھ میں نہ آئیگی
موسم ہر ایک جس کا ہے فصلِ بہار سا
سب کچھ مرے نصیب میں ہے پھر بھی اے کرنؔ
رہتا ہے اُس کے واسطے دل، بے قرار سا

○

۹۴

بے نام محبت ہے کچھ نام تو دے جاؤ
ٹوٹے ہوئے رشتوں کو انجام تو دے جاؤ
راتوں کے مسافر کے ہمراہ کبھی آکر
جاگی ہوئی آنکھوں کو انعام تو دے جاؤ
کچھ اہلِ جنوں کی بھی عزت میں اضافہ ہو
معصوم محبت کو الزام تو دے جاؤ
رُکنے نہ کبھی پائے یہ سلسلہ چاہت کا
جھوٹا ہی سہی مجھکو پیغام تو دے جاؤ
شہرت نے اُسے چھینا جو نام دیا تم نے
رہ جائے مرا ہوکر وہ نام تو دے جاؤ
جس شام سے وابستہ ہے پیاس نگاہوں کی
صدقے میں محبت کے وہ شام تو دے جاؤ

دل نے اک طرفہ چوٹ کھائی ہے
کس مصیبت میں دلربائی ہے

آج جی بھر کے تم کو دیکھ تو لوں
عمر بھر کی اگر جُدائی ہے

موسمِ گُل ہو یا کہ فصلِ خزاں
ہر گھڑی اُن کی یاد آئی ہے

کب سے ہے پیاس میرے ہونٹوں پر
اَے خدا کیسی یہ جُدائی ہے

گھر میں آئی تو ہے خوشی لیکن
کتنی مُدت کے بعد آئی ہے

آج محسوس ہو رہا ہے کرنؔ
زندگی جیسے لوٹ آئی ہے

۹۶

جب کوئی بے وفا نہیں لگتا
درد، دل کو برا نہیں لگتا

اجنبی جب عزیز ہو تو ہمیں
اجنبی غیر سا نہیں لگتا

جبکہ ہر بُت یہاں پہ ہے پتھر
کیوں یہ پتھر خدا نہیں لگتا

دیکھ کر تم کو اب خدا کی قسم
فاصلہ، فاصلہ نہیں لگتا

تم سے ملتے ہیں جب خیالوں میں
دُور رہنا سزا نہیں لگتا

ہے کرنؔ جب سے انجمن میں تیری
کوئی چہرہ بجھا نہیں لگتا

تیرے سائے سے پرے رہ کے جیا کیسے کریں
فاصلے طے بھی کریں ہم تو بتا کیسے کریں

روگ اِس دل کو لگا ہے تری خاطر ورنہ
تُو نہیں ہے تو بتا دل کی دوا کیسے کریں

دو گھڑی بھر کے لئے بھی نہ رہا ساتھ ترا
بِن ترے شہر میں ہم پاسِ وفا کیسے کریں

رنج و غم کی وہ روانی نہ رہی دل میں مرے
دل دُکھے گا تو بتا دل سے دعا کیسے کریں

آپ کی دنیا الگ اور الگ اپنا جہاں
راستے جب نہ ہوں منزل پہ ملا کیسے کریں

بے وفائی کا چلن عام ہے دنیا میں کرنؔ
زندگی بھر کے لئے زخم سہا کیسے کریں

۹۸

موسم ہے بارشوں کا، خوشیوں کا، حسرتوں کا
عالم ہے بے خودی کا، ملنے کا، فرصتوں کا
بوندوں میں پیاس دل کی کب سے برس رہی ہے
دھرتی سے آسماں تک موسم ہے نسبتوں کا
برسے گا کوئی دل پر برسات بن کے شاید
ہم تو سمجھ نہ پائے انداز الفتوں کا
رُت آ گئی ہے دیکھو لے کر سندیسہ کوئی
وہ ملنا چاہتے ہیں، موقع ہے چاہتوں کا
گھنگھور سی گھٹا سے جھانکے کوئی کرن اب
اُمڈے سے بادلوں میں دھوکہ ہے راحتوں کا

شبنم سے لکھوں، اشکوں سے لکھوں میں دل کی کہانی کیسے لکھوں
پھولوں پہ لکھوں، ہاتھوں پہ لکھوں، ہونٹوں کی زبانی کیسے لکھوں

ہر سمت یہاں ہے ریت، ابھی کس طرح چلوں تا عمر یہاں
اس ریت پہ ٹکتے نقش نہیں، اب اپنی نشانی کیسے لکھوں

یہ الجھن تو بس الجھن ہے، کچھ پانا ہے کچھ کھونا ہے
ساحل کی تمنا کرتے ہوئے موجوں کی روانی کیسے لکھوں

کیوں ریت پہ دوڑتے پھرتے ہو اب ہاتھ نہ آئیگا یہ سراب
یہ بات حقیقت ہے لیکن میں دل کی زبانی کیسے لکھوں

یوں دل کی باتیں یوں تو بہت کچھ کہنا ہے کچھ سننا ہے
اس کاغذ کے ایک ٹکڑے پر میں اپنی کہانی کیسے لکھوں

ہر دور نیا ہے بات نئی، مایوس نہیں ہے پھر بھی کرن
ان بچھڑے ہوئے اندھیاروں کی ہے بات پرانی کیسے لکھوں

صحرا کی گرم ریت سے وہ ایسے ڈر گئے
بادل بنے تھے برسے بِنا ہی گذر گئے

ایسا بھی کیا کرشمہ تھا پہلی نگاہ کا
آنکھوں سے آپ دل میں ہمارے اتر گئے

جو لوگ اپنی جان سے بڑھ کر عزیز تھے
وہ لوگ ہم سے روٹھ کے جانے کدھر گئے

چلتے رہیں گے اُن کے تعاقب میں عمر بھر
ہم بھی اُدھر گئے وہ جہاں بھی جدھر گئے

دیکھے تھے اُن کی یاد میں جتنے حسین خواب
کرنوں میں صبحِ نو کی نہا کر نکھر گئے

سب لوگ جانتے ہیں کرنؔ! راہِ عشق میں
غم سہتے سہتے کتنے ہی بے موت مر گئے

کل آپ سے ملی تو پریشان تھی نظر
سمجھے نہ ہم کہ کس لئے حیران تھی نظر

پہلے کی طرح پھر سے نگہبان تھی نظر
دل تھی کبھی، کبھی تو مری جان تھی نظر

کیا ایسی بات ہے کہ بھٹکتی ہے اِن دنوں
آنکھوں میں میرے پہلے کبھی مہمان تھی نظر

رہنا تھا جس کو میری نگاہوں میں صبح و شام
پل بھر کے واسطے ہی وہ مہمان تھی نظر

بکھری ہوئی کرن کی طرح تھی وہ دور تک
ہم سے ملی جو اب کے پریشان تھی نظر

۱۰۲

زندگی روبرو پھر کھڑی تھی مگر
جان پر پھر ہماری بنی تھی مگر

عمر بھر جس کا حق تھا مری روح پر
ہوسکی جان میری نہ اُس کی مگر

یہ تو ممکن نہ تھا اُس کو آواز دوں
گفتگو کو زباں تو کھُلی تھی مگر

جس کی نظروں سے ہر وقت بچتے رہے
ہم پہ اُسکی نظر ہی جمی تھی مگر

دل تو بس ڈوبتا جا رہا تھا کہیں
باقی سانسوں کی ڈوری رہی تھی مگر

جھومتی جارہی تھی کرنؔ چار سُو
پاؤں میں اُس کے بیڑی پڑی تھی مگر

انداز نہیں مجھ کو دوا ہوں کہ دعا ہوں
اب تو ہی بتا دے کہ ترے واسطے کیا ہوں

روٹھا ہے مقدر تو گلہ تجھ سے نہیں ہے
میں جو بھی ہوں اک تیری محبت کا صلہ ہوں

مجھ کو نہ بھلا دینا تجھے واسطہ رب کا
ناکام سہی میں تیرے لئے ایک دعا ہوں

مہماں کی طرح کل جو چلے آئے تھے دل میں
یہہ کہہ کے گئے وہ کہ میں اب رنج زدہ ہوں

منظور نہ کیوں ہوگا تجھے پاس رہوں میں
جب تیری حکایات کا میں حرفِ وفا ہوں

آنے کا ارادہ ہے ترے شہر کی جانب
کھوئی ہوئی بھٹکی سی کرنؔ کی میں صدا ہوں

۱۰۴

ترے بغیر کوئی لطف کیا' مزہ کیسا
حیات زہر نہیں ہے تو پھر نشہ کیسا

تمام شب مری یہ سوچ کر ہی گذری ہے
جو تجھ کو ساتھ نہ لائے وہ راستہ کیسا

یہ زندگانی کرشمہ ہے اُس کی قدرت کا
مرے جو کام نہ آئے تو پھر خدا کیسا

جو ہم کو ڈوبنا ٹھہرا تو ہم بھی ڈوبیں گے
سفینہ ڈوب رہا ہے تو ناخدا کیسا

چُرا کے دل کو وہ خود آنکھ بھی چراتا ہے
جفا جو کرتا ہو وہ شخص دلربا کیسا

ہر ایک شئے کی یہاں کچھ نہ کچھ تو قیمت ہے
کرنؔ نہ ہو تو یہ سورج کا آسرا کیسا

۱۰۵

چلتی رہیں یوں پیار کی باتیں
روشن ہوں گی یوں ہی راتیں
دستک کوئی گھر پہ نہ دے گا
گھر میں رہیں جب گھر کی باتیں
پیاسی دھرتی پی گئی آنسو
برسیں نین سے وہ برساتیں
چاروں طرف تھا صرف اجالا
یاد ہیں اب تک بھی وہ راتیں
امبر جیسے رونے لگا ہے
زوروں پہ رہیں اب برساتیں
کافی ہے جب ایک کرن ہی
بجلی کی کیوں کرتے ہیں باتیں

۱۰۶

جو مجھ کو جاتے جاتے بھی آواز دے گیا
اُس نے کرم کیا پرِ پرواز دے گیا
وہ شخص اپنی ایک نگاہِ کرم کے ساتھ
ہر اک ادا کو اک نیا انداز دے گیا
نظروں سے گفتگو کا ہوا سلسلہ جو ختم
دل کی کہانیوں کا مجھے راز دے گیا
آیا تھا انجمن میں تو وہ اجنبی سا تھا
جاتے ہوئے وہ مجھ کو بھی آواز دے گیا
مدت کے بعد آ کے وفاؤں کے نام پر
پھر وہ مرے خیالوں کو پرواز دے گیا
وہ شخص مل کے صبح کی پہلی کرن کے ساتھ
جینے کا مجھ کو پھر نیا انداز دے گیا

۱۰۷

بیٹھے ہوئے ہیں گھر کو سجائے
آنا جنہیں تھا وہ نہیں آئے
آنکھوں میں کیوں آتے ہیں آنسو
ہم کو کوئی تو یہ سمجھائے
چاندنی راتیں راس ہیں ہم کو
کوئی تو آکر دل بہلائے
سارا عالم اُن کی طرف ہے
کون اُنہیں جا کر سمجھائے
آنا ہو تو آ بھی جاؤ
یہ بھی موسم بیت نہ جائے
چاہے کرنؔ ہو کوئی بھی موسم
شمعِ محبت بجھنے نہ پائے

۱۰۸

اِس واسطے ہی تجھ پہ مجھے اعتبار ہے
ہر شب پہ ہر سحر پہ ترا اختیار ہے

مانا کہ پُر فریب ہے وہ بے وفا بھی ہے
اس پر بھی مجھ کو اُس پہ بڑا اعتبار ہے

آنا اس انجمن میں اُسی بانکپن کے ساتھ
محفل میں آج سب کو ترا انتظار ہے

وہ میرا ہم نظر ہی نہیں ہم سفر بھی ہے
ہر اک ادا پہ اُسکی مجھے اعتبار ہے

تو جس مقام پر ہے تجھے راحتیں ملیں
تیری ہی فکر میں مرا دل بے قرار ہے

اُس شہر کی فضاؤں میں رہتی ہوں میں کرنؔ
دھرتی سے اپنی ماں کی طرح جسکو پیار ہے

۱۰۹

یہ مانا کہ قسمت میں رسوائیاں ہیں
ترے واسطے بزم آرائیاں ہیں
سماج ایسی راہوں پہ اب چل پڑا ہے
گھروں میں بھی اب پوری بربادیاں ہیں
اِسی دہر سے میرے اگلے جنم تک
مرے ساتھ ہی تیری پرچھائیاں ہیں
کوئی آہٹ اب دل کو چھوتی نہیں ہے
بنا آپ کے گھر میں ویرانیاں ہیں
مقدر مرا کس قدر اَب حسیں ہے
تصور میں اُن کی ہی پرچھائیاں ہیں
یہ سورج ہے اِس سے کِرن مانگ لینا
اگر زندگی میں پریشانیاں ہیں

۱۱۰

کبھی آئینے دل کے پتھر سے سجا دو
حسیں تر مری زندگی کو بنا دو

یہاں جو بھی جیتے ہیں اوروں کی خاطر
مجھے ایسے لوگوں کے گھر کا پتہ دو

کہیں لوگ مجھ کو بھی تم سا نہ سمجھیں
محبت کو میری نہ اتنی ہوا دو

گھروں میں اندھیرا کبھی بھی نہ ہوگا
دلوں میں وفاؤں کی شمعیں جلا دو

مرا شہر گرویدہ ہوگا تمہارا
محبت بھری ایسی غزلیں سنا دو

خرد سے ہمیں کوئی مطلب نہیں ہے
یہ موسم ہے دل کا کرن کو بتا دو

خوشبو خیالِ دوست کی دل میں اُتر گئی
وہ مجھ سے کیا ملے مری دنیا سنور گئی

تھی مجھ کو تیرے قدموں کی آہٹ کی آرزو
یہہ آرزو ہی دل مرا ویران کر گئی

روشن حیات ہے تو اندھیروں کا کیا سوال
تم تھے جہاں جہاں پہ وہاں تک نظر گئی

حالاتِ پُرشکن کو سمیٹوں میں کس طرح
تم کیا گئے کہ گھر کی ہر اک شے بکھر گئی

میلوں میں زندگی کے بچھڑ تو گئی مگر
تنہائی چلتے چلتے فضا میں بکھر گئی

صدیوں کے فاصلے ہوئے لمحوں میں طے مگر
کیا جانے کیوں کرن ترے در سے گذر گئی

۱۱۴

ہم جانتے ہیں کس نے ہمیں یاد کیا ہے
کچھ سوچ کے ہی ہم نے ترا نام لیا ہے

اٹھنے بھی نہ پائیں تھیں نگاہیں تری جانب
کیوں تو نے مجھے پیار کا الزام دیا ہے

جو لوگ تری رہ میں بچھاتے رہے آنکھیں
کیا اُن کو اندھیروں کے سوا تو نے دیا ہے

دیوانہ ہے وہ لوٹ کے آ جائے گا کسی دن
یہ جان کے بھی تُو نے اُسے چھوڑ دیا ہے

پتھر تو بہرحال وہ پتھر ہی رہے گا
آئینہ بنا لینے سے اب فائدہ کیا ہے

جتنے بھی اندھیروں سے اجالے ملے ہم کو
سب ہم نے کرنؔ! آپ کے ہی نام کیا ہے

۱۱۳

وہ کہہ رہے ہیں یہ مرے دیوار و در نہیں
میری دعائیں اِتنی مگر بے اثر نہیں

دھوکہ ہر ایک گام پہ دیتی رہی خرد
دل کے سوا نظر میں کوئی معتبر نہیں

ہے اِتنا حوصلہ کہ مقابل کھڑے ہیں ہم
حالات جیسے کچھ ہوں ہمیں کوئی ڈر نہیں

غیروں کی طرح آج بھی ملتے ہیں وہ مگر
کس حال میں ہوں میں اُنہیں شائد خبر نہیں

تم کو صدائیں دیتی ہیں کیوں دل کی دھڑکنیں
کیا ہو گیا ہے دل کو مرے کچھ خبر نہیں

ویسے بھی دیکھنے میں اُجالا تو ہے کرن
تھی جس کی جستجو یہ وہ نورِ سحر نہیں

لوگوں میں اپنے رہ کے سنورنا ضرور تھا
مجھ کو بلندیوں سے اُترنا ضرور تھا
رستوں کے پیچ و خم سے ہوئی گفتگو مگر
مجھ کو تمہاری رہ سے گذرنا ضرور تھا
بہتی ہی جا رہی تھیں جو ندیاں حیات کی
اُن کو سمندروں میں ٹھہرنا ضرور تھا
صدیوں سے جو رواجوں کے پردوں میں ہیں نہاں
باہر نکل کے اُن کو نکھرنا ضرور تھا
سمٹے ہوئے جو آنکھوں میں ہیں خواب ہدایت کے
تعبیر بن کے اُن کو سنورنا ضرور تھا
اوروں کی طرح ڈوبتے سورج کا غم نہ کر
من کے کرن تجھے بھی ابھرنا ضرور تھا

خواب جو میں نے ابھی دیکھا نہیں
اُس میں جو کچھ بھی ہے وہ میرا نہیں

جانے کیوں کر بس گیا ہے دل میں وہ
میری آنکھوں نے جسے دیکھا نہیں

شوق سے ملنے کو آپ آ جائیے
مجھ کو بھی ملنا ہے یہ سوچا نہیں

لوگ کہتے ہیں کہ تم میرے ہو گئے
لیکن اب یہ وقت تو میرا نہیں

اپنے دل پر تو بھروسہ ہے مجھے
پیار ہے یہ تو کوئی دھوکہ نہیں

تیرے جیسا اور کوئی ہو گا کیا
تجھ سے بڑھ کر دوسرا کوئی نہیں

آگئی ہے کس طرح مجھ تک کرن!
میرے گھر کا تو کوئی رستہ نہیں

۱۱۶

حیات سب کے لئے مہرباں نہیں ہوتی
ہر آدمی کے لئے امتحاں نہیں ہوتی

اسی طرح سے گھٹن میری اور بڑھ جاتی
نگاہ تیری اگر ہم زباں نہیں ہوتی

تمہاری بزم سے کب کے چلے گئے ہوتے
تمہاری چاہ اگر درمیاں نہیں ہوتی

خدا اُتر کے بھی آئے جو آسمانوں سے
زمین پھر بھی کبھی آسماں نہیں ہوتی

معاشرے میں سلیقہ بہت ضروری ہے
وگرنہ زیست کبھی بھی دھواں نہیں ہوتی

نظر ملا کے ذرا کہہ تو دے کرنؔ ہم سے
کہ یہ کہانی مری داستاں نہیں ہوتی